AF186596

© 2019 Blau, Lotta; Macek, Thomas
Herstellung und Verlag: BoD – Books on Demand,
Norderstedt
ISBN: 9783748133681

Inhaltsverzeichnis

Verbunden

Der Rabe bin ich.
der hoch am Himmel seine Kreise zieht.
der Wolf,
der nächtens durch die Wälder streift,
der Luchs,
der jagend durch das Dickicht schleicht.
die Schlange,
die sich in der Sonne wärmt
der alte Karpfen
der moosbedeckt
auf dem Seegrund schlummert,
Bin die Libelle,
die im Lichte blitzt
und die Eule
die die Nachtgeister ruft
auch der Elefant
in des Dschungels Tiefen
und der Panther
unsichtbar im Dunkel
bin der Bär
tief in seiner Höhle
und das Reh,
das die Menschen flieht.
Bin sie alle
bin nicht mehr, als sie
Teil von allem

Thomas Macek

Bild Lotta Blau

Alles IST

ebenbürtig ist mir alles Leben
ich bin nicht mehr
und nicht weniger
als andere in deren Dasein
ein all-durchdrungener Atem
durch Lebenszüge schwingt
so reiche ich meine Hand
dem Insekt genauso wie dem Grashalm
dem schwachen Lamm genauso
wie dem starken Bären
der Meereswelle genauso
wie der leeren weiten Steppe
dem Regen wie der Sonne
dem Himmel wie der Erde
dem Baum wie dem See
der Stille wie der Unrast
ebenbürtig betrete
ich die Stufen zu mir selbst
auf denen alles SEIN
Zuhause hat
und lege meine Seele
in all deren Universum
in Liebe verbunden

Lotta Blau

Bild Lotta Blau

Der Wolf ist los!
Der Wolf ist Los!
Da müssen wir uns fürchten!
Der Wolf ist los!
Der Wolf ist los!
Der wird uns alle fressen!
Der Wolf ist los
der Wolf ist los
der nimmt uns ja das Wild weg
der Wolf ist los
der Wolf ist los
da müssen wir verhungern
Der Wolf ist los!
Der Wolf ist los!
Wir müssen ihn erschießen!
Der Wolf ist los
Der Wolf ist los
da freut sich der Herr Waffenschieber
da freuen sich Generaldirektor und
Minister
und auch der Herr Dompfarrer
Der Wolf ist los
Der Wolf ist los
auf, zu den Waffen
verteidigen wir die Monokultur
Der Wolf ist los
der Wolf ist los
Halali
und Waidmannsheil!

Thomas Macek

Bild Lotta Blau

Zirkusbär

Als der Bär
als Schauobjekt und Geldbörse
im Zirkus
dahin siecht
dressiert mit Stöcken und Peitschen
mit Tritten und Fäusten
und als er aufbegehrt und sich wehrt
gegen das was ihm schmerzt
und was seine letzten Funken Freiheit
ausmerzt
da will er sich aufbäumen
und sich wehren
und zeigt einmal in seinem Leben
was er einst war
zu was bestimmt
ein wildes Tier
das sich das Recht dies zu sein auch
nimmt
da stellt er sich auf
und sie schlagen ihn zusammen
mit Fäusten und Knüppel
und treten ihn übel
und zeigen ihr wahres Gesicht
und die Leute im Publikum...

schauen und starren
blicken sich um

und der Bär...
der bleibt für immer
stumm...

Text und Bild Lotta Blau

Das Kalb und der Hund

Sie waren Freunde
das Kalb und der kleine Hund
spielten zusammen
liefen gemeinsam über die Wiesen,
und wenn der Abend kam
kuschelte sich der kleine Hund an das
warme duftende Kalb
und schlief selig ein.
Und schlief lange und gut
und träumte die schönsten Träume.

Dann kam aber der Tag,
an dem das Kalb verkauft werden sollte.
Ihr werdet jetzt glauben.,
jetzt wird ihr Schicksal traurig,
doch ich mag es lieber ,
wenn Geschichten glücklich enden,
denn Trauriges gibt ja schon viel zu
viel.

Eine Gütige kam
und kaufte das Kalb ,
damit es nicht geschlachtet würde.
Und weil sie sah,
dass die beiden zueinander gehörten
nahm sie den Hund gleich mit.

Und das Kalb wurde ein stattlicher Stier
und der Hund wurde groß und kraftvoll;
Freunde blieben sie für immer
lang lebten sie und in Freude
ohne Schlachthof
ohne Ketten
es ging ihnen einfach gut
ihr ganzes langes Leben lang-

Ich mag es lieber ,
wenn Geschichten glücklich enden,
denn Trauriges gibt ja schon viel zu
viel

Thomas Macek

Bild Lotta Blau

Rotkäppchen und der Wolf

Du, Rotkäppchen...sag mal...stimmt das? Hier steht der Wolf frisst eine Großmutter und will auch so was wie dich verspeisen...Sie soll auch noch im Bett liegen und unsereiner über sie herfallen...Ist das nicht auch sexistisch? Und dann soll sie auch noch schlecht sehen und hören? Ich bin sehr beleidigt muss ich sagen.

Ja...sehr komische Ansichten.Das ist aber schon zudem auch rassistisch, finde ich,... sagte das Rotkäppchen. Außerdem Frauenfeindlich, denn wieso will der Wolf keinen Opa oder einen kleinen Jungen fressen?

Und hier - beim nächsten - da soll der Wolf sieben Geißlein gefressen haben...auf einmal, stell dir vor! Für wie verfressen hält uns eigentlich der Mensch? Dann hat man den Bauch aufgeschnitten und alle raus geholt...Also unterstellt man uns, wir könnten unsere Zähne nicht benutzen und könnten nicht kauen. Vielleicht denken sie, wir könnten nicht genießen, was wir essen, weil wir Tiere sind? Oder schlechte Zähne hätten? Dabei war ich gestern sogar noch zur Kontrolle. Alles blank und scharf.

Sehr gemein, sagte das Rotkäppchen. Ich weiß auch nicht, warum man uns immer Rotkäppchen nennt? Sind wir vielleicht Fliegenpilze oder was?

Hier steht...halt dich fest- hier
steht ich würde Kreide fressen, um
meine Stimme zu verstellen...um höher
und zarter zu sprechen. Das geht zu
weit...ich bin schließlich ein
Mann...ein Männchen...das ist so was
von unmännlich!

Recht hast du, mein Freund, entgegnete das Rotkäppchen.

Weißt du was?

Nein, was denn, sagte der Wolf...

Wir gehen jetzt zur Oma und erzählen ihr
das. Mal sehen, was sie dazu sagt.

Bild und Text Lotta Blau

Sie lieben
fühlen Angst und Trauer
fühlen Schmerz wie wir.
Fühlen auch
Freud und
Glück wie wir
warum missbrauchen wir die Tiere?

Warum nur
nehmen wir sie nicht als Seelen wahr,
die leiden können,
wie wir selbst?

Warum verschließen wir uns
vor der Würde des Lebens?

Vielleicht,
weil wir uns selbst
nicht wahrnehmen?

Unsere Seele
unsere Würde nicht achten?

Thomas Macek

Bild Lotta Blau

Der kleine Vogel

Freiheit brach über ihn
der sich aus dem Käfig befreit hatte
sein winziges Herz war
gefüllt vom Schmerz
all der Jahre und der
Sehnsucht einmal
bevor er stirbt
den Wind in seinem Gefieder
zu spüren
sich tragen zu lassen
durch die Wolken
einmal nur
seiner Liebsten
eine Blume aus seinem Schnabel
zu schenken
nun stand die Tür offen
und lud
zu allen Lebensaufgängen ein
die ihn in über die Scherben
seiner Träume hoben
doch wusste er nicht
wie es geht
das Fliegen
als ein Blatt vom Wind
an ihm vorbei wehte
begriff er
breitete seine Schwingen
und flog in sein Glück

Lotta Blau

Bild Lotta Blau

Requiem für eine Taube

Du schöne,
zart schillernde Wundersame.

Du liegst vor mir auf der Straße tot
Ein Autofahrer gab nicht acht
Und nahm dir das Leben.
Grad zu Pfingsten,
wo man gern an Tauben denkt,
die Zeichen des Himmels sind

Maschinen zählen heute mehr
Als vielfarbige Tauben,
zählen mehr,
als Himmelszeichen

Du warst von dem Schwarm,
Der mich jeden Morgen begrüßt
der auf Dächern in meiner Gasse lebt
auf den wenigen,
auf denen noch Platz für Tauben ist
Und dem ich täglich Futter gebe.

Ich kannte dich.
Du warst schön
und du warst fein
ich mochte dein Gurren
und ich mochte es,
wenn die Sonne in deinen Federn schillerte.

Ein Auto fuhr über dich hinweg
ich hörte, wie deine Knochen knackten..
ein paar Federn flogen auf..
als wollten sie zerfließen im Licht

nun schimmert nicht mehr die Sonne auf dir
du bist voll Blut,
rot, wie deine zarten Füßchen
zermalmt
und deine schönen Augen
kann man nicht mehr sehen.

Ein Auto kam
der Fahrer gab nicht acht
ein Leben wurde ausgelöscht.

Vielleicht weiß er gar nicht, dass er dich getötet hat
vielleicht ist es ihm auch einfach egal.
Eine Taube nur,
denkt er vielleicht
denkt´s über dich,
meine kleine schöne Freundin,
die du mehr wert warst,
alles jedes Auto,
weil du voll Leben
und voll Grazie warst

Jetzt liegt dein Leichnam vor meinem Fenster,
morgen kommt der Straßenkehrer,
und wirft dich in den Mist.
Wie so viele andere tote Tiere
Das war´s .

Danke, dass du da warst
meine schöne , zarte Freundin
deren Federn so wunderschön
im Sonnenlicht schimmerten.

Thomas Macek

Grenzen-Wahn

Eine freiheitsliebende Kuh
muss sterben
weil der Mensch auf seine Grenzen stolz ist
und eine Grenze und daran hängende Gesetze
wichtiger sind und mehr wiegen
als ein Leben
diese Kuh ist trächtig
trägt ein Kalb in sich
eine werdende Mama

die sich wagte eine Grenze

von dort nach da zu überschreiten

sie wusste nicht

das sie das nicht darf

denn in den Köpfen der Tiere

gibt es keine Beschränktheit von Meter oder Kilometer

das gibt es nur beim Menschen
aber so wie ihr mit Tieren umgeht
geht ihr ja auch mit Menschen um
nicht wahr?
der Wahn des Menschen ist unbegrenzt
im begrenzten Geist
besser wäre es ihr würdet
euren begrenzten Geist
umzäunen und absichern
damit er keinen Schaden anrichten kann
den ihr schon lange ohne Boden wüten lasst

Lotta Blau

Aus meiner grünen Reihe, Lotta Blau

Der alte Mann und das Kätzchen

Es war ja
nichts mehr bei ihm geblieben,
als das kleine Kätzchen.
Gegangen waren Frauen,
Kinder
Freunde.
teils gestorben
teils im Leben verweht
man hatte ihn vergessen,
es war ja auch
nicht immer leicht mit ihm gewesen.
Viel hätte er jetzt
zu erzählen
zu sagen,
doch es interessiert ja niemanden mehr.
Allein ist er,
gemieden.
Nur die kleine Katze
schmiegte sich eines Tage an ihn.
Er hatte sich ja nie
viel aus Tieren gemacht,
Nahrung waren sie für ihn
nicht mehr
doch plötzlich
war dieses kleine Wesen
sein einziger Freund,
wohl auch sein letzter
und er erkannte
wie viel er versäumt hatte
in so vielen Jahren.
Und vorsichtig berührte er das Kätzchen,
streichelte es,
etwas unbeholfen,
weil er noch nie ein Tier gestreichelt hatte,

auch Menschen nicht
und er begann

ihm sein Leben zu erzählen.
Und das Kätzchen lehnte sich an ihn
hörte zu
und begann,
leise zu schnurren.

Thomas Macek

Bild Lotta Blau

Der Tierquäler und seine Reise

Schon als Kind mochte er keine Tiere. Er quälte Katzen und Hunde, zertrat kleine Käfer und schoss mit Steinen auf Vögel im See. Er hasste andere Lebewesen. Wo immer es ging ließ er seine ganze Wut und den Zorn an den hilflosen Geschöpfen aus.

Als Erwachsener hatte sich daran nichts geändert und auch als alter Mann trat er immer noch nach den Tauben am Boden vor ihm oder freute sich einen Regenwurm zertreten zu haben. Für all seinen Unmut, all sein Unglück, all sein Versagen machte er die Tiere verantwortlich und ließ keine Gelegenheit aus, sie das spüren zu lassen.

Eines Tages, er war recht alt und gebrechlich, setzte er sich in seinen Sessel und schlief ein und zwar für immer, dachte er zumindest...er sei tot. Es fühlte sich so an und wie er so hinüberging im großen Ganzen, da wuchsen ihm auf einmal Federn und ein Schnabel. Dann wieder Fell und Krallen und dann fand er sich auf der Erde wieder- als Regenwurm.

Er begriff nicht, was eigentlich geschah und hatte auch keine Zeit dafür, denn er befand sich plötzlich mitten auf einem Bürgersteig. Viele Menschen gingen hin-und her. Manche langsam, andere in Eile und schnell. All diesen Füßen musste er plötzlich ausweichen, denn sie könnten ihn jederzeit treten und das würde seinen Tod bedeuten und manchmal, das wusste er, waren Regenwürmer auch nicht gleich tot, sondern litten noch eine lange Zeit, bis sie an den Folgen des Trittes starben. Er hatte es ja selbst oft darauf ankommen lassen und nun erging es ihm vielleicht selbst bald so.

Eilig versuchte er zwischen den Füßen einen Weg zum Rand zu finden, denn dort wuchs Gras. Dort musste er hin.

Tatsächlich schaffte er es gerade so. Erleichtert verschwand er im Gras und ihm fiel ein, dass er ja nun unter die Erde musste und den Boden filtern, indem er diesen - in seinen Augen- Dreck fraß...Ihn ekelte es...Er versuchte sich irgendwie wachzurütteln...das konnte nur ein Traum sein...den Tod hatte er sich immer anders vorgestellt. Aber nicht so. Doch er blieb ein Wurm und musste in die Dunkelheit der Erde verschwinden.

Da hörte er einen Käfer und dort hinten eine Taube sprechen. Wir waren einmal auch so wie du ein Tierquäler und sind heute das, was wir damals am meisten gequält haben.

Ja, sagte der Baum über ihm...und gebe acht...die Vögel fressen dich gerne, auch jene, die du so gerne geärgert hast. Du wärst ein Leckerbissen für sie und ein ganz besonderer Schmaus. Auch viele andere Tiere werden dich fressen wollen und die Menschen, der du selbst einer davon warst, sammeln dich gerne auf, um dich am Angelhaken aufzuspießen. Du könntest bald erfahren, wie es sich anfühlt - all das, was du ihnen angetan hast.

Da tauchte der Regenwurm in die Erde ab...er konnte und wollte das nicht mehr hören. Überhaupt- er glaubte noch immer nicht, dass er nun tatsächlich ein Wurm bleiben sollte.

Alles Quatsch, dachte er sich und buddelte sich einen Gang nach oben. Er streckte seinen Kopf hinaus und war mitten auf einer Weide. Da hörte er etwas schnaufen...es war eine Kuh, die sich ihm näherte und versuchte mit ihrer Zunge etwas Gras zu erwischen.

Du! Pass ja auf...sagte der Wurm zur Kuh. Wehe, wenn du mich verletzt!

Die Kuh lachte nur...ach du kleiner Wurm...willst mir drohen? Ich kenne dich doch...du hast mir einmal einen Stock gegen meinen Kopf geworfen und das tat weh und meine Geschwister hast du auch geärgert.

Aber woher weißt du?, sagte der Wurm. Wie kannst du mich erkennen? Das ist unmöglich.

Die Kuh antworte: Jeder kennt jeden...so ist das. Alles was man tut, tut man nicht einfach so...sondern, es trägt sich weiter...immer weiter...alles ist ja miteinander verbunden. Nichts existiert nur für sich allein. Du hast andere Lebewesen gequält, nun hast du eine Existenz, die dich lehren soll, ein besseres Wesen zu werden. Lerne, du Wurm...fühle...sehe und verstehe.

Doch bedenke..nicht jeder Wurm war einmal ein Tierquäler. Manche sind einfach ein Wurm, weil sie noch viel anderes zu lernen haben, aber auch, weil die Erde sie braucht - einfach nur als Wurm. Mit allen Wesen ist das so.

Da bemerkte der Wurm, dass die Sonne drohte ihm seine Haut zu verbrennen und verschwand in der Erde. Dort hörte er einen Maulwurf und ihm fiel ein, dass er oftmals böse ihre Bauten zerstört hatte.

Ich krieg dich gleich...ich rieche dich, du Wurm.

Der Wurm schaute, dass er schnell weiter kam, als er schon wieder eine Maus bedrohlich nah bemerkte. Schnell wich er in eine andere Richtung aus. Oft hatte er den Mäusen draußen auf dem Feld nachgestellt...fiel ihm ein.

Jetzt war er der Gejagte und alles spiegelte sich wieder, was er angetan hatte, drohte ihm nun ähnlich. Er schaute lange ....sehr lange in diesen Spiegel und ebenso lange dauerte es, bis er zum ersten Mal etwas wie Mitgefühl spürte und das erste Mal tat ihm leid, was er einst getan. Jetzt ,da er selbst spürte, was es heißt, nirgendwo Ruhe zu finden...Sicherheit. Immer und überall war der Mensch und zerstörte, tötete und quälte die Geschöpfe der Erde.

So hatte ihm der Tod einen Spiegel geschenkt und das Leben als Wurm zeigte ihm wie der Mensch mit dem Leben umging.

„Zeit"-los, Lotta Blau

Despina

meine schöne Glückskatze,
weiß rot gestreift

Als ich sie bekam
war sie so klein,
dass ihr Schwänzchen so groß war,
wie mein kleiner Finger.

Ertränken wollte man sie
sie und ihre Geschwister
sie wurde gerettet
und ich bekam sie.

Ein Handvoll Kätzchen,
das heranwuchs
und groß und schön wurde,
Oh oft hatten wir Streit,

sie stahl Essen,
sogar Zwiebelschalen
und räumte Socken aus dem Kleiderschrank
die sie dann auflegte,
wie eine Jagdstrecke.

Aber jeden Abend lag sie auf mir,
schlief auf meinem Bauch
und sah mich an
mit ihren Bernsteinaugen
und sagte :"Geh, so schlimm bin ich ja nicht"
"Nein, so schlimm bist du nicht,"
sagte ich .
und streichelte sie

Jeden Abend lag sie auf mir
viele Jahre lang
bis sie sehr krank wurde
doch auch dann holte sie sich Wärme , Kraft und
Heilung.

Sie konnte dann nicht mehr fressen,
nicht mehr trinken
und an ihrem letzten Abend
musste ich sie zu mir aufheben
und auf mich legen.
Sie konnte nicht mehr springen

Da schnurrte sie noch einmal,
und ich streichelte sie, bis sie einschlief
es war unser letzter Abend

Das ist auch schon Jahre her
doch spür ich sie noch immer auf mir liegen
jeden Abend
meine Despina.

Text und Foto Thomas Macek

Eine Mutter

Was haben deine Augen
nicht alles schon gesehen
sahst so viele vor dir
auf die Laster gehen
getrieben mit Schlägen und Tritten
egal ob manche Knochenbrüche hatten
dann mussten sie eben kriechen
es half kein Klagen, Weinen oder Bitten
kurz denkst du dir
vielleicht ist es besser so
alle haben genug gelitten

morgen bist du selber dran
kannst keine Milch mehr geben
an das entzündete Euter
kommt kein Melkgerät mehr
Medizin zu teuer...und das war es dann

und

deine Kinder …

wie viele hat man dir genommen
kaum war das eine aus dir geboren
du warst noch ganz benommen
dein Körper ausgelaugt

jedes deiner Kälbchen
rissen sie dir aus dem Herz und Bauch
das weißt du noch ganz genau
kein einziges hast vergessen
wie kannst du auch
sie schrien und weinten ja noch so lange
derweil streichelt der Bauer kurz seinen Hund
und gibt der Katze von dem kläglichen Rest

deiner Milch...ein letztes Mal ...dann ist Schluss
du sehnst dich einmal gestreichelt zu werden
wie der Hund oder die Katze
sehnst dich
einmal nach der Zärtlichkeit einer Hand
wenn sie dich schlachten
hast nicht einmal bisschen Liebe gekannt

und als sie dich dann morgens holten
die Welt war noch ganz still
da kroch einen kurzen Moment
ein Sonnenstrahl
durch die Wolken und hat sich in
deine Tränen eingebrannt

Dann geschah ein Wunder
ja wirklich...ein Wunder
denn als der Transporter los fuhr
stoppte der Bauer ihn
und stellte sich davor

und in seinen Augen
sah der Fahrer Tränen

Ich kann es nicht mehr
sagte der Bauer
will nicht mehr

gib mir meine Kuh wieder her
soll sie alt werden bei mir

Genug ist genug!

ihre - der Tiere - Qualen weiter zu ignorieren

ist am Menschsein ein Betrug!

Ein Bisserl

Schützen wir ein Bisserl die Tiere
Geben wir ihnen schönere Ställe
Ein Bisserl mehr Sonne und Licht
Damit wir schöne Bilder sehen
Eine Kuh auf der Weide,
Das macht sich doch gut
Und ein Schweinderl auf Stroh
Geben wir ihnen besseres Futter

Damit wir uns nicht selbst vergiften
Schützen wir ein Bisserl die Tiere
Damit wir ein besseres Gewissen haben.
Das Recht auf Leben
Das haben sie nur,
solange sie nützen
Das Messer des Schlächters
Trifft die ja dennoch
wir haben ja Hunger

Schützen wir ein Bisserl die Tiere
aber schützen wir sie nicht zu viel,
sonst sind der Bauernbund
der Wirtschaftsbund
die Fleisch-und die Milchindustrie
bös auf uns.

Schützen wir ein Bisserl die Tiere
werbegerecht für s Wahlplakat
aber mehr Raum zum Leben geben wir ihnen nicht,
Hunde raus aus den Parks,
die Pferde bleiben an den Kutschen
und Wölfe müssen wir schießen
sie fressen uns sonst die Schafe weg,.

Schützen wir ein Bisserl die Tiere
aber nur bis zum nächsten Grillfest,
dann ist das süße Schweinderl
das nette Henderl
und das herzige Kalberl
nur noch zum Fressen da
und für die Gastritis.

Schützen wir ein Bisserl die Tiere
aber schützen wir sie nicht zu viel,
denn sonst wird´s unbequem für uns
und auch zu teuer
und wer will das schon.

Thomas Macek

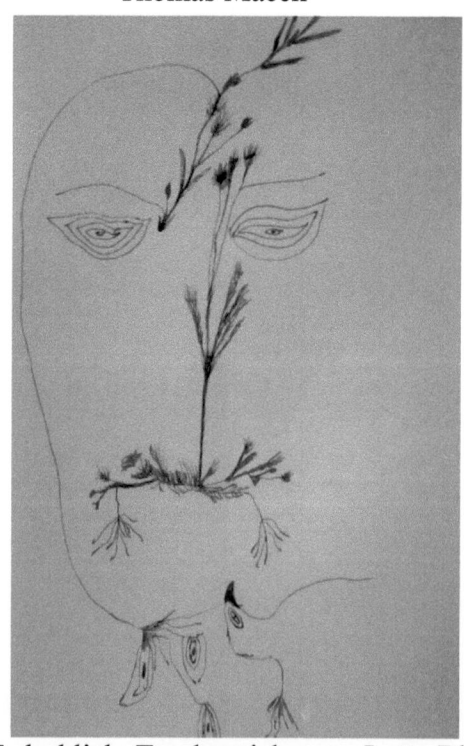

Der Todesblick, Tuschezeichnung, Lotta Blau

Friede den Tieren

Lasst den Tieren ihren Frieden
sie können nichts für eure Gier
ihr habt sie gejagt
ihr habt sie gemordet
ihr habt sie benutzt
ihre Reste warft ihr weg
wie Schmutz in den Dreck
ihr habt sie gequält
habt ihnen Fallen gestellt
habt sie vertrieben
wie ihr alles Fremde vertreibt
ohne sie gibt es keine Welt
es gäbe nichts
was dann für den Menschen bleibt
nur durch sie
ist der Mensch dort
wo er heute steht
hätte man damals ohne sie
den Acker bestellt
- nie-spannt euch doch selbst vor den Karren
statt das arme geschundenen Vieh
hättet ihr selbst eurer Getreide gesät?
in den Acker
der euch euer Brot einst gab
keine Kutschen
keine Felle
keine Viehzuchtställe
kein Leder
und keine gesunden Wälder
keine klaren Bäche
keinen Honig und keine Federn
ihr habt sie dafür geschunden

habt ihnen am Haken
die Köpfe zusammen gebunden
es ist genug
lasst sie in Ruhe
lasst sie in Frieden

Frieden den Tieren
Zorn der Bosheit und Gier
von dir Mensch
nicht vom Tier

Text und Bild Lotta Blau

Friede allen Lebewesen...JETZT!

„Sie müssen doch ihr Brot verdienen!"

Diese müden
trüben...
diese traurigen Augen

da ist kein Traum mehr von Freiheit
von Wind
sie haben ja Freiheit nie gekannt

ihr Leben ist Stall
ist Deichsel
Asphalt
Lärm
unendliche Mühe
und endet im Schlachthof
wenn sie nicht länger
auszubeuten sind.

Diese traurigen Augen,
die in meine Seele seh´n

"Sie müssen sich doch ihr Brot verdienen"
sagen so Viele
"und sie arbeiten gerne!"

O wie unsäglich eng
ist doch der Menschen Geist geworden.

Thomas Macek

Zwei Stadtkutschpferde

Da hatten sie nur noch sich
zwischen Autolärm, Dreck und Hektik
und lehnten sich erschöpft aneinander
und ließen sich miteinander nicht im Stich
sie trösteten ihre wehen Seelen
im Zaumzeug und im Stall
verbringen sie ihr ganzes Leben
41

als wäre die Ausbeutung und diese Qual
ihr ganzes Pferde-All
fern von Wiesen und Freiheit
nur beim Ziehen der Kutsche durch die Stadt
wofür der Urlauber dem Kutscher bezahlt hat
da träumen sie hin und wieder
ohne tägliches Malochen für das Kapital
sondern dass man sie als Lebewesen sähe
Mensch...siehe und fühle...verstehe...
der Blick aufs Geld verblendet die Welt
doch wir haben
in allem was den Tieren angetan
die Chance umzudenken
und
unser Herz zum Mitgefühl und Besseren zu lenken

Bild und Text Lotta Blau

Der Herr des Waldes,
wird er zurückkehren?

Seine Bäume zu schützen?
seine Blumen,
Quellen und Tiere?
Sie zu schützen vor uns?

Er sendet schon seine Wölfe
seine Bären und Luchse
Füchse und Dachse streifen durch die Wüsten der
Städte

Es ist ein Ruf, der an uns ergeht.
Können wir ihn noch verstehen ?
Der Ruf aus einer Zeit, in der die heiligen Wälder
das Land bedeckten und segneten?
Oder sind unsere Seelen verschlossen
vom Lärm der Zeit?

Ist Zeit, noch zu retten?
Oder ist es vertan?

Thomas Macek

Meine Seele
mein ganzes Herz
will ich offen halten
für die Sprache der Natur
die mit mir durch all mein Sein
pulsiert
ich will verschmelzen
meinen Geist
mit ihrem
jeder Baum, jedes Tier
jede Blume
alles erzählt mir
lacht weint
bittet und fleht
und durch einen Donner in der Nacht
hallen die Worte: Noch nicht...aber bald ist es zu spät

Bild und Text Lotta Blau

Das Land der Wölfe

Und als die Erde bebte
der Wälder brannten
und die Feinde nahten,
der Boden verseucht war
das Wasser voll Blut
und die Luft voll von giftigen Dämpfen
das Ende seiner Welt bevorstand
kam zu dem jungen Prinzen
ein großer grauer Wolf.
Vor Jahren hatte der Prinz ihn
vor den Jägern gerettet.
"Nimm dir, was du liebst
nimm, was du wirklich bei dir brauchst
ich trage dich,
ich führe dich
vertraue mir"
Und der Prinz nahm seine junge Frau mit sich,
die so schöne Lieder singen konnte,
mit zarter Stimme
Anderes hatte für ihn keinen Wert,
und sie ritten auf dem grauen Wolf
durch tiefe Wälder
über die weite Steppe
über hohe Berge
und über die Flächen des ewigen Eises,
Sanft barg der Prinz
seine junge Frau,
die so schöne Lieder singen konnte
mit zarter Stimme
und sanft schlief sie ein
auf diesem wilden Ritt.
Seine Heimat sah er nicht mehr,
verwüstet waren Schloss und Land,
ins Reich der Wölfe kamen sie
wo keine Menschen waren,
weit hinter dem ewigen Eis,

weit hinter allen Bergen,
weit hinter allen Steppen,
weit hinter allen tiefen Wäldern,.
Dort war die Erde gesund,
und das Wasser war rein
und die Luft roch nach Bäumen und Kräutern.
Einst hatte er dem Wolf geholfen
gegen die wütenden Jäger
so war er willkommen im Reich der Wölfe
und er lebte dort lange
zusammen mit seiner jungen Frau
die ihm das Kostbarste war,
die so schöne Lieder singen konnte
mit zarter Stimme.

Thomas Macek

Bild Lotta Blau

Was wäre wenn...?

Warum spüren wir Tieren gegenüber oftmals das pure Glücksgefühl und Liebe? Weil sie uns so nehmen wie wir sind - bedingungslos. Ungefähr so, wie zu Zeiten des Verliebtseins...in der uns kein einziger Fehler des anderen Menschen auffällt. Nichts könnte uns davon überzeugen in jener Phase, dass nur das Geringste vielleicht doch nicht so passen könnte am anderen. Verliebtsein ist nicht mit der Liebe zu verwechseln und doch ...wären alle Menschen- gesponnen gedacht - verliebt, so hätten wir das reinste Paradies auf Erden. Denn jeder würde im anderen nur Gutes sehen. Egal wer, von wo, warum und wieso...Keine Kriege gäbe es, keinen Hass, keine Gewalt und überhaupt nichts Schlimmes auf dieser Welt. Achtsam und voller Liebe gingen wir auch - dadurch da wir zutiefst glücklich wären - mit unserer Umwelt und den Tieren um.

Aber...real gesehen und zurück vom Träumen... Die Verliebtheit vergeht und damit auch der Zauber des bedingungslosen Annehmens des anderen...bei Tieren jedoch hält es ein Leben lang uns gegenüber an. Nur sie können das...

Dieser Erpel auf meinem Foto kannte mich nicht...er hat mir einfach vertraut, blind würden wir Menschen sagen...und natürlich spüren Tiere auch und sehen wahrscheinlich auch irgendwie in unsere Seelen und Herz hinein...sie kommunizieren oft mit ihren Augen und mit Körpersprache.

Diese kleine Ente kam ganz nah zu mir...es hätte nicht viel gefehlt und er hätte gekuschelt.

47

Sie vertrauen uns, die Tiere...sie vergeben den Menschen, selbst dann, wenn sie ihnen weh getan haben, sie lieben und bleiben treu den Herzen, die sie einmal in ihres aufgenommen haben.

All diese Fähigkeiten haben derart ausgeprägt nur Tiere.

Bild und Text Lotta Blau

Der Geier

Geheimnis von Leben und Tod
von Zerstörung und Aufbau
lehre mich den Zyklus des Lebens,
der mich zur Vollendung führt.
Der mich zum Ursprung führt
Ängste und falsche Bilder zerbricht,
wie dein Schnabel Knochen, um an das Mark zu kommen.
Lehre mich, zu sehen, zu spüren zu riechen -
lehre mich, mit den Winden der Veränderung zu segeln,
hoch hinauf..
lehre mich, in die Weite zu fliegen
aus drückender Enge
und in strahlender Höhe
der Klarheit zu begegnen.

Thomas Macek

Mein Freund, der Rabe
hinter Gittern,
er reicht mir eine Nuss,
als ich vorüber gehe.
Er will dass ich sie öffne
und sie ihm weder schenke.
Und ich brech sie auf für ihn
und er wartet aufgeregt,
und freut sich,
dass ich sie ihm gebe.
Mein Freund, der Rabe
hat einen starken Schnabel.
Er könnte wohl
die Nuss selbst aufbrechen,
besser wohl , als ich,

doch er freut sich,
dass ich mit ihm spreche,
mit ihm spiele
ihm die Nuss öffne.
Mein Freund , der Rabe
fliegt Stunden lang jeden Tag
gegen die Gitter des Käfigs.
Er ist so klug,
doch er hofft dennoch,
dass da einmal kein Gitter mehr ist,
und er fortfliegen kann,
weit in den freien Himmel,
von dem er träumt,
Der Bruder meiner Seele
mein Freund, der Rabe hinter Gittern.

Text und Bild Thomas Macek

Denn Vergebung ist auch Einsicht

Sag, sprach der Wolf, vergibst du mir? Vergibst du mir, da ich manchmal auch Schafe reiße? Ich tue das nicht aus Langeweile oder weil ich Spaß daran habe Lämmer zu töten, sondern, weil ich Hunger habe. Ihr Menschen habt beinah in den Wäldern alle Tiere ausgerottet, so kommt uns manchmal ein Lamm gerade recht.Doch lieber wäre es uns, wir könnten immer unserer Bestimmung folgen und jagen, was wir seit Ur-Beginn gejagt haben.

Es ist furchtbar anzusehen,dass manche von uns bereits in Mülltonnen wühlen müssen, um etwas Fressbares zu finden.Was glaubst Du,hat das verursacht und wer?

Du Mensch...

Ich sei böse und furchtbar, gruselig und man müsse mich wieder ausrotten, höre ich die Menschen sagen. Sie stellen mir Fallen oder verjagen mich mit Knüppeln. Den Kinder erzählen sie Schauermärchen über mich und sie schüren Angst und Hass gegen uns Wölfe. Leiden sollen wir, doch seitdem es uns gibt kennen wir nichts anderes als die Furcht vor Euch Menschen und das Leid,was ihr uns antut.

Doch überseht Ihr, was wir in unserem Wesen tragen und Gutes tun - für die Natur und damit auch für Euch Menschen, dort wo es noch möglich ist uns zu leben, wie es sein soll.

Seht nicht unsere Hilfe für das Gleichgewicht der Wälder, Flüsse und Berge. Welche Mühe und Sorgen wir Euch abnehmen, dadurch, dass wir töten, wenn wir

Hunger haben und die Bestände so regulieren, damit auch die gesamte Umwelt zu neuen Blüten bringen.

Ihr macht es Euch, so denkt Ihr leicht, nehmt Eurer Gewehr und schießt auf die Tiere, ohne zu wissen ob nun ein Tier krank ist oder gar trächtig.Oftmals zielt ihr nicht richtig und die Tiere leiden furchtbar und sterben qualvoll.

Wir töten mit unseren Zähnen und den Bissen einen schnellen Tod und was wir töten ist meist schwach und krank.

Sag mir, wer ist nun der Bösere...wer der Furchtbarere und Grausamere? Und wer sollte vor wem die größere Angst haben?

Und doch bitte ich Dich um Vergebung...vergib mir, mein Freund.Denn der, der groß ist, zeigt sich klein und leise. So verbeuge ich mich vor deinen Füßen, denn Du als Mensch willst immer über ALLEM stehen und Deine Macht nutzen über das Schwächere.

Bild und Text Lotta Blau

Feenhügel

Eine Wildgans flog in die Ferne
zu dem Feenhügel hin,
den sie im Traume sah
jede Nacht
Über tiefe Wälder
über Berge
übers Meer flog sie
vom Wind getragen.
Durch Nächte und durch Tage flog sie
weit in den Sommer
weit in den Winter
durch das Traumbild geführt,
das ihr das Ziel geweissagt.
Denn in dem fernen Feenhügel
wartete Erlösung ihres Sehnens,
wartete Ruhe
war sie doch die letzte ihrer Schar,
die anderen Opfer der Jäger.
Nur im andren Wellt fand sie noch Schutz,
sie, die Letzte
fern vom Menschenreich.

Thomas Macek

Bild Lotta Blau

Das kleinste Herz

Es ist in jedem Herz
die Liebe dort Zuhaus
ob groß ob klein
oder gar winzig
wie eine Maus
die Liebe schaut aus
der kleinsten Seele
dem winzigsten Leben
durch ihr ganzes Licht
heraus

Flüge des Lebens

ich breite meine Schwingen
jeden Tag in seinen Aufgang
es erhebt sich die Sonne
mit ihrer Wärme
über mein Sein
erhellt meine Sinne
jeden Tag beginnt
ein neuer Flug in mir
durch das Leben
den Alltag
die Liebe
durch Morgenröte und Abenddämmerung
durch sanfte Wogen der Meere
und Wälder
über Berge
voller steiler Hänge
bis zu den Sternen dort oben

das Leben hat zwei Flügel
der eine bist du
der andere bin ich
gemeinsam umrunden
wir unsere Welt

Bild und Texte Lotta Blau

Was mir das Droschkenpferd erzählt

Ich weiß gar nicht mehr,
wie das ist ,
über eine Wiese zu laufen,
sich im Gras zu wälzen,
weichen Boden zu spüren
unter den Hufen.,
so lang ist das her
es war ein anderes Leben
ich war noch ein Fohlen.
Heute steh ich Stunden lang
auf dem harten Asphalt
meine Beine tun weh,
angebunden
an der Kutsche,
mein Schweif hängt in meinen Kot,
damit ich nicht
die Straßen beschmutze..
Wie ist es zu laufen
ohne Zaumzeug und Trense?
Ohne Klappen bei den Augen?
Ich kann den Lärm der Autos
nicht mehr ertragen,
er tut so weh in meinen Ohren
und ihr Gestank brennt in meinen Nüstern,
ich möchte davonlaufen,
aber ich bin ja angebunden,
und bin so müde
vom Stehen
und vom Traben
in der Hölle des Verkehrs,
und vom Ziehen der schweren Kutsche
in sengender Hitze
und in klirrender Kälte
mit Menschen, denen ich egal bin.

Die vielen Leute , die mich begaffen
mag ich nicht,
ich bemühe mich,
sie nicht zu sehen

Thomas Macek

Bild Lotta Blau

Wer behauptet heute noch: Tiere hätten keine Seele?

Wer sagt und behauptet denn,Tiere hätten keine Seele? Hätten keine Gefühle? Sich heute noch auf Descartes zu beziehen ist unsinnig.

Es existiert doch nichts für sich allein, wie könnte es auch. Bestehen wir alle doch aus den gleichen Stoffen, bestehen wir alle doch aus einem Zusammenhang heraus. Wie man diesen benennen will sei jedem selbst überlassen.

Doch eines sei gewiss...alles lebt, selbst ein Stein ist im philosophischer Betrachtungsweise durchaus ein Lebewesen. Physikalisch betrachtet geht nichts verloren, sondern wandelt sich fortlaufend.

Eine dem Buddhisten sehr nahekommende Ansicht bzw. Tatsache. Also ist auch ein Tier eingebunden in das große Ganze, ganz automatisch... und was wir auch nur einem Geschöpf antun, trägt sich im Informationsfluss des Ganzen weiter und weiter...diese physikalischen Energien, die dadurch zustande kommen und verändert sind, erzeugen Negatives, was sich überall hin verbreitet. Logischerweise kann es nicht anders sein, ebenso, wie die Stimme eines Tieres oder eines Menschen sich fortträgt und weiter klingt ins Universum, wenn man so will. Jeder kleinste Ton tut das und schallt und hallt zurück, getragen von Bestandteilen und gespeichert in jenen kreuz und quer.

Wie also kam man jemals auf die Idee, man könne auch nur ein kleinstes Partikelchen vom Ganzen trennen...

Franz von Assisi hatte die Einsicht Tiere hätten auch eine Seele und auch nach ihm gab es derartige zur

Besinnung gekommener Geistliche, wie Eugen
Drewermann. Ob man es Seele nennen will oder
anders, vielleicht Gefühlsaustausch ...sei jedem
überlassen. Einzig ist alles ein Austausch untereinander
- ständig und permanent.

Tiere sind reiner, als der Mensch, denn sie - wie sagt
man - "sündigen" nicht. Sie tun nichts aus Berechnung
und lieben tatsächlich Bedingungslos,und...sie lieben,
wenn man es so betrachten will, oft ihre "Feinde".
Nämlich jene Menschen, die ihnen weh tun, die ihnen
Schaden zufügen, die sie quälen und morden. Selbst
denen schauen sie noch liebend in die Augen.
Bisweilen ja oft noch im Todeskampf.

Also, sagen wir, sie - die Tiere -, sprechen nicht unsere
Wortlaute, doch sprechen sie auch. Sie erzählen und
äußern sich nur anders. Nur wir Menschen können
deren Sprache nicht in unsere übersetzen. Wir deuten
sie nach unserem Ermessen und manchmal liegen wir
dabei auch richtig - oftmals eher wohl falsch..

Doch das heißt ja nicht, nur weil ein Lebewesen nicht
unsere Kommunikation ausübt, es sei minderwertiger.

Denn drehen wir den Spieß einmal um, so sind wir
doch eigentlich nach all der Betrachtung das
primitivere Wesen. Zumal ein Tier andere nicht extra
leiden lässt, zumeist in perfekter Symbiose mit seiner
Umwelt und anderen Geschöpfen lebt, und nur tötet
das, was er zum Überleben als Nahrung braucht.

Ja, auch in der Tierwelt gibt es durchaus
Verteidigung...aber diese dient dem reinen Überleben.

Wir Menschen dagegen verteidigen unnütze Dinge, die
im Überfluss vorhanden sind oder das Gegenteil, weil

wir uns deren Seltenheit zu eigen machen wollen. Das Tier aber kennt keine Bodenschätze, keine Ländergrenzen, keine Wassersteuer, keine Lufträume, die militärisch verteidigt werden, es kennt auch keine Bomben oder Granaten, keinen Dienst an der Waffe und selbst in einer Horde von Tieren geht es gesitteter zu als bei einer Gruppe Menschen.

Wo wäre zudem heute der Mensch ohne Tiere? Wie hätte er sich entwickelt ohne "Nutz- und Arbeitstiere"? Wie ohne die Liebe jener Gefährten?

Diese Vorstellung - sich einmal ein Bild im Kopf zu malen - wie eine Erde ohne Tiere aussehen würde...ist kaum auszuhalten.

Wo stünde denn der Mensch heute?

Wie würde er sich verhalten haben im Laufe seiner Geschichte? Hätten wir Kannibalismus an der Tagesordnung? Es gäbe kein Fleisch...Hätten wir womöglich noch mehr Kriege? Was wäre aus dem Profit, welches sich der Mensch mit Hilfe und Benutzung von Tieren erwirtschaftet hat, geworden? Keine Zoos, keine Felle, kein Fleisch, früher keine Knöpfe, keine Seife, kein...nichts...rein nichts...keine Arbeitstiere, keine Zugtiere, keine Jagdtiere, keine Blindenhunde, keine Lastesel, keine Zirkustiere, keine Fische in den Meeren, keinen Lebertran damals gegen Skorbut... und so weiter.Tiere werden auch als Spione eingesetzt oder als Suchtrupp. Keine Freizeittiere gäbe es...Keine Pferde im Krieg... .Um nur ein paar Beispiele zu nennen. Wo also stünde der Mensch heute...nochmals gefragt?

Den wahren Respekt verdient also das Tier...

Wo stünde der Mensch heute? Ich glaube ja: Er wäre ein Nichts, es würden Menschen noch schlimmer, wie heute wie Tiere gehalten, um all das zu verrichten, was ein Tier für uns tut.Ein paar wenige Obere - noch weniger, als wir das heute kennen, hätten das Sagen und würden als Diktator die ganze Welt unterjochen. Und glaubt ihr der Mensch wäre ein reiner Pflanzenfresser? Oder wie und von was würde er sich ernähren...? Was meint Ihr?

Stellt Euch das mal vor...als kleinen Gedanken-Splitter im Gehirn sozusagen...

Text und Bild Lotta Blau

Das letzte Lied des Wals

In der Tiefe des Meeres
sing ich mein Lied
so alt bin ich
solang schweife ich durch die Tiefen;
und sie jagen mich
töten mich
töten meine Kinder.

Meine Weisheit
wollen sie nicht,
meine Schönheit
sehen sie nicht
meine Würde
achten sie nicht,
wenn mein Blut
die Planken ihre Schiffe rötet.

Sie wollen Geld
wollen verdienen
und wenn ich auch von der Welt verschwinde,
und die Welt mit mir
und sie auch von der Welt.

So tauch ich noch einmal
tief ins Meer
und sing mein Lied zum letzten Mal
bevor sie kommen
mit Booten und Harpunen.

Und sie kommen bald.

Thomas Macek

Es war ja nicht so,
dass der Wolf Rotkäppchen fraß!

Auch nicht die Großmutter.
Den Kuchen, den ließ er sich schmecken.
Ihn hatte das Mädchen ihm ja geschenkt;
Großmutter durfte ihn doch sowieso nicht essen.

"Hab keine Angst vor mir"hatte er zu ihr gesagt,
"Wölfe fressen keine Menschen"

Und er führte sie in die Tiefen des Waldes
zeigte ihr die schönsten Blumen
und die wunderbarsten Kräuter,

lehrte sie , wie heilend Pflanzen sind,
lehrte sie , mit den Tieren zu sprechen
und die Wesen zu sehen,
die sich Menschen verbergen.

Und Rotkäppchen blieb im Wald
bei dem Wolf
bei den Tieren und Pflanzen
den Zwergen und Elfen
und erzählte dem alten Waldgnom
wunderschöne Geschichten.

Und wenn es nicht gestorben ist,
kannst du es noch heute ,
an sehr stillen heiligen Tagen,
mit dem Wolf durch die Wälder zieh´n seh´n.

Thomas Macek

Bevor ich geh...

Mein kleiner Freund
einmal muss ich dich verlassen
du wirst es fühlen
spürst mein langsam Ausatmen
meines Hierseins
so vieler Jahre
ich bin schon mal vor dir
hinüber gegangen
dort warte ich auf dich
und unser Wiedersehen
bis dahin
mein kleiner Freund
hab Dank für deine Freundschaft
bedingungslos
hast du die Welt angenommen
und mich
in dein kleines treues Herz
eingenistet
mit dir war mir
alles bunter und fröhlicher
vor allem friedlicher
meine Seele hast du bereichert
und mein Herz geweitet
meine Stimme hast du lachen lassen
und meine Füße hast du gewärmt
weil du gespürt hast
das die Kälte
durch meine alten Knochen kroch
ich habe viel von dir gelernt
und danke dir
bis dahin
in Liebe

Text und Bild Lotta Blau

Soviel Zauber

liegt im Kleinen,
das wir oft kaum sehen

Soviel Schönes,
Zartes
Wunderbares
das wir oft zertreten
in der Tageshast.

Öffnen wir die Augen
staunen wir
und freuen uns.

Thomas Macek

Bild Lotta Blau

Aus meiner Märchentruhe

Das Bärenmädchen

Vor langer, langer Zeit streifte eine Bärin durch die Wälder, um Futter zu suchen, dabei fand sie ein kleines Mädchen weinend am Waldrand sitzen. Niemand war weit und breit zu sehen.

Die Bärin nahm sich dem Mädchen an und zog es auf. Sehr gescheit und lieb wuchs das Kind im Wald mit den anderen Bewohnern auf. Als die Bärin Junge bekam freute sich das Mädchen sehr und hatte sie lieb, wie Geschwisterkinder. Es kannte ja nichts anderes...Menschen hatte es nie gesehen. Diese Welt war dem Kind fremd.

So verging ein Jahr und noch ein Jahr. Prächtig entwickelte sich die Kleine und auch die Bärenkinder wurden immer größer.

Eines Tages sagte die Bärenmutter zu dem Mädchen:

Mein Kind ich habe lange gezögert doch ich werde immer älter. Also habe ich beschlossen dir zu sagen, dass es an der Zeit ist, dass du dir deinen eigenen Weg suchst. Es gibt eine Welt- in der bist du eigentlich geboren und daheim. Dort schau dich um und finde dein Glück. Es sind die Menschen...auch du bist einer von ihnen. Deine Geschwister gehen ebenso ihren Weg und entfernen sich von mir. Ich ziehe mich in meine Höhle zurück, um meine Augen zu schließen.Ich spüre es steht bevor. Vergiss nie...ich liebe dich über alles und bin weiter in deinem Herzen.Nun geh...da umarmte das Kind die Bärin und wollte nicht gehen. Da weinten sie und dann stieß die Bärin das Menschenkind von sich.

Geh, sagte sie...mach es nicht so schwer. Wenn du nicht glücklich wirst in deiner eigentlichen Welt, dann komm zurück. Ich werde zwar nicht mehr da sein, aber alle anderen Freunde. Sie helfen dir dann.

Dann drehte sich die Bärin um und lief weg.

Das Mädchen wusste nichts mit all dem anzufangen und wo sollte sie denn hingehen? Sie verstand nichts und lief dann einfach irgendwie los.

Nach einem langen Weg sah sie ein Dorf und ging darauf zu. Es machte etwas furchtbaren Krach und hätte sie beinah umgefahren. Es war ein Auto. Die Fahrerin hielt an und stieg aus.

Kannst du nicht aufpassen?, sagte sie zum Mädchen. Was läufst du hier so ohne Schuhe und Jacke im Herbst herum? Wo kommst du überhaupt her? Und wo willst du hin?

Die Dame schien entsetzt über das Aussehen des Kindes und rümpfte sich die Nase.

Kannst du nicht sprechen? und sah dem Mädchen fordernd in die Augen.

Das Mädchen verstand nicht und konnte auch die Menschensprache nicht. Es hatte das ja alles nie gelernt, sondern nur die Sprache des Waldes und der Tiere.

Die Dame setzte das Kind auf ihren Beifahrersitz, schnallte es an und fuhr mit ihm zur nächsten Wachstation. Dort stellte sie das Kind hin und sagte: Lief am Wald herum und wusste nicht wohin. Spricht kein Wort und ich glaube, sie versteht auch nichts.

Der Kommissar sah sich die Kleine argwöhnisch an.
Komm, sagte er...wir geben jetzt mal eine Durchsage
und ich schreib ein Protokoll. Setze dich dort hinten
hin..auf den Stuhl.

Niemand meldete sich aber und so rief der Kommissar
das nächste Kinderheim an, damit sie das Mädchen
solange in Obhut nehmen würden.

So geschah es auch.

Für das Kind war das alles sehr verwirrend und
beängstigend. Alles war ungeheuer befremdend und
anstrengend. Auch fühlte es sich furchtbar eingeengt
und kam mit den Tagesabläufen und den Gewohnheiten
der Menschen nicht zurecht. Ihre Werte, die sie
verteidigten...ihre Gegenstände von denen manche
sogar angehimmelt wurden, wie sie untereinander und
übereinander sprachen, das Essen und die Kleider,...und
manchmal sah sie andere Kinder aber auch Erwachsene
Tiere schlecht behandeln. Aber andere waren lieb zu
den kleinen Hasen im Stall und den Ponys.
Abgerissene Blumen und sterile Wiesen auf den
Zentimeter genau gekürzt...umzäunten das Kinderheim.
All das war nicht des Bärenmädchens Welt. Nie und
nimmer konnte sie sich hier wohl fühlen und wurde
traurig.

Eines Tages lief es ohne Schuhe und ohne Jacke in den
Wald zurück. Es bemerkte auch niemand gleich und so
konnte das Bärenmädchen Ausschau halten nach
anderen Tieren..sie rief und es kamen ihre Geschwister.

Bitte helft mir, sagte das Mädchen zu ihnen. Hier bin
ich daheim und nicht dort...bei euch ...meiner Familie
und meinen Freunden. Auch wenn ich nicht wie ihr bin,
so bin ich es nur äußerlich....im Herzen bin ich ein Kind

71

des Waldes. Hier bin ich, wie ich sein will und wie es für mich richtig ist...ich will verbunden und in Respekt und Liebe mit den anderen leben und ehrlich sein zu allem. Ich will nicht lügen müssen, weil ich Angst habe, sonst bestraft zu werden, wenn ich ehrlich sage, was ich denke. Aber vor allem finde ich hier wirkliche und tiefe Liebe. Sie benötigt keine Strafen, keine Ängste, kein Verbiegen, damit man geliebt wird. Sie braucht auch keine Vasen mit abgerissenen Blumenköpfen, sondern gedeiht mit dem Wasser der Weisheit durch das was Leben ist. Bitte...nehmt mich wieder auf.

Mittlerweile hatten sich die meisten Tiere um das Mädchen und die zwei kleinen Bären versammelt. Alles hatten sie gehört und hatten doch längst ihre Meinung gebildet.

So bleib...sagten sie zu dem Bärenmädchen. Es war wichtig, dass du siehst und vergleichen kannst...das du spürst wohin du gehörst und für was und wen dein Herz schlägt, denn sonst hättest du dich eines Tages gewundert und dich betrogen gefühlt. Du bist zwar ein Mensch, doch bist du anders als sie und unser würdig. Darum bleib bei uns und lebe wieder hier.

Das Mädchen hatte viel gelernt bei den Menschen. Auch, wie dort mit den Tieren und der Welt überhaupt umgegangen wird.

Einige Jahre später, es war nun erwachsen, wollte sie es noch einmal wagen und nahm Kontakt zu den Menschen auf. Sie setzte sich oft auf eine Wiese, wo sie Picknick machten und beobachtete sie. So lernte sie ihre Sprache,und studierte ihre Gewohnheiten.

Dann - ein paar Jahre später - war es so weit.Sie stand auf und ging zu den Menschen auf der Wiese. Sie sprach zwar noch etwas seltsam, doch man verstand sie.

So knüpfte sie Freundschaften und abends ging jeder seiner Weg. Sie ging zurück in den Wald und die Menschen in ihr Dorf oder die Stadt.

Viel erzählte sie den Menschen vom Leben im Wald und die Menschen erzählten von sich.

So kam es, dass sie sich gegenseitig an die Hand nahmen und das Mädchen die Menschen mitnahm in den Wald und ihnen alles Schöne und Wertvolle zeigte und die Menschen luden sie ein, auch sie zu besuchen.

Sie begannen zu verstehen – gegenseitig - und bald schon bildeten sich Gruppen von interessierten Menschen, die vom Bärenmädchen durch den Wald geführt werden wollten.

Da erzählte ihr der eine Mensch, er würde nun viele Bäume pflanzen und der andere dachte darüber nach, was er für die Bienen tun könnte und so weiter.

So wuchs zusammen was Mensch und Tier und Leben ist.

Das Bärenmädchen aber blieb was es war - ein Bärenmädchen eben, das mit den Tieren im Wald lebte.

Lotta Blau

Es war eine Zeit

vor vielen tausend Jahren
da war unser Land
von Wäldern bedeckt,
tief,
dunkel,
geheimnisvoll
und wild..

wunderbare Tiere lebten dort
Bären und Wölfe
Luchse
Auerochsen Wisente

Die Wälder waren voll von Leben
und der Boden war gesund und fruchtbar
die Luft rein und frisch,
sauber und klar war das Wasser
Leben gebend
und die Pflanzen waren gesund und heilsam.

Auch Menschen gab es,
die lebten mit den Tieren
sie jagten,
was sie brauchten
und achteten das Leben
verbunden mit der Erde.

Was ist denn geschehen?

Die Wälder sind bald leer
die Vögel verschwinden,
das Wasser ist trüb und voll Gift
die Böden müde und verbraucht
die Luft voll von Schmutz.

Was ist denn geschehen?

Es ist wohl wichtiger,
zu fliegen,
als zu atmen
oder Auto zu fahren
statt den Wald zu riechen..
oder im Wirtshaus zu hocken,
statt den Waldboden unter den Füßen zu spüren

Die Tiere sind uns
Nahrung oder Ärgernis
vielleicht noch Spielzeug

wir haben sie verloren
wir haben uns verloren,

wenn sich die Natur noch einmal zeigen will,
schießen wir auf sie
voll Angst und voll Hass.

sie erinnert uns an das,
was einmal war
an das
wie wir sein könnten,
und nicht mehr sind

wir haben ja auch
die Völker ausgerottet,
die lebten,
wie wir sollten.

Doch
wir werden mit ihnen gehen,

den letzten Wölfen,
die erschossen wurden
den letzten Eisbären,
die verhungert sind,
den letzten Schlachttieren,
die verblutet sind
den letzten Fischen
die vergiftet sind,
den letzten Vögeln,
die vom Himmel fallen.

Wir werden mit ihnen gehen,

wir sind nicht besser, als sie,
der Abgrund,
in den wir die Schöpfung treiben
wartet auch auf uns,

wir wollen die Zeichen nicht sehen,
wir werden mit ihnen gehen
den letzten Boten Gaias
die uns heute mahnen,
Tiere aus der Erdvergangenheit

wir werden mit ihnen gehen müssen!

Dem letzten Sturm
werden wir nicht widerstehen
wir werden unser Gift
selbst trinken müssen

Es dauert nicht mehr lange!

Thomas Macek

Märchen einmal anders

Etwas Besseres, als den Tod,
finden wir überall,
sagte der Esel,
der gar nicht so dumm war,
wie man leichthin sagt,
denn Esel sind sehr kluge Tiere,
nur machen sie nicht alles,
was Menschen ihnen sagen.

Und so wollen wir uns aufmachen,
wie der Esel es uns rät,
und wollen uns
ein besseres Leben schaffen.

Wir wollen singen
tanzen
spielen,
dichten
malen
und uns unsres Seins erfreuen.

So werden die Schrecken weichen
die uns zwingen wollen
und die Mächte,

die uns unfrei machen.
Unsere Freude
unser Mut
und unsere Lebenslust
wird sie vertreiben.

Komm mit, sagte der Esel.
Und sie machten sich auf..
ich geh mit
mit Esel, Hund, Katze Hahn,
die Räuber zu erschrecken.

Thomas Macek

Bild Lotta Blau

Die Revolution der Tiere

Schon lange waren sich viele Tiere einig. Es war kein Leben mehr für sie auf der Erde denkbar. Der Mensch, eigentlich selbst einer von ihnen, mordete und quälte sie - seine Schwestern und Brüder.

Er fühlte sich als Oberhaupt und wo immer er mit Tieren zusammen kam, hatte er - bis auf einige Ausnahmen - nichts Gutes im Sinn.

Eine sehr, sehr lange Zeit hatten die Tiere Geduld und versuchten dem Menschen ihre Liebe und Freundschaft zu vermitteln. Doch der Mensch nutzte diese guten Herzen aus. Oftmals auch mit sehr viel übler List und stets zu seinem Vorteil.

Die Tiere hofften, ihn der sich als König der Welt fühlte, umzustimmen, doch es war vergeblich.

Nachdem nun verkündet wurde, dass die Jagd auf einige Tierarten wieder erlaubt sei und das ganze Elend weiter seinen Lauf nahm, versammelten sich die Tiere und besprachen, was sie und wie sie etwas ändern könnten.

Wie sie es auch drehten und wendeten...es kam keine Lösung zustande, denn bei jedem Ansatz folgerte man: Der Mensch wird bleiben, was er ist.

Es gibt so viele, sagte die Eule dann, die es nicht interessiert, was in der Welt passiert und mit seinesgleichen, wie wollen wir dann hoffen, er würde sehen, was er uns antut?
Die Menschen interessieren sich nicht einmal für das Unrecht der Welt, schalten es aus, wie einen Fernseher, und weiden sich lieber in dem, wobei sie sich nicht

ändern oder wobei sie nicht denken müssen.

Sie sind schreckliche Lebewesen - ich möchte nicht so sein, wie
sie, sagte der Hirsch. Ich möchte nicht aus Spaß andere Lebewesen töten und mich an ihrer toten Seele erfreuen oder gar ihren Kopf über mein Sofa hängen.

Ja, ja...sagte der Fuchs. Ein paar Wenige interessiert das, aber die andern nicht.

Gestern, spricht der Wolf aus dem Unterholz, habe ich meinen Bruder schwer verletzt in einer Falle gefunden...er hat es nicht geschafft. Der Mensch hat sich daran erfreut, wie er starb.

Bild Lotta Blau

Es ist kein Platz mehr für uns hier - auf der Erde. Was sollen wir tun?

Alle Tiere redeten wild durcheinander...jeder erzählte jedem von seinen Unmut und dem, was er Schlimmes erlebt hatte. Es war ein einzig lautes Gebrüll und wurde immer aufgeheizter und gereizter. Je mehr sie einander erzählten, was der Mensch ihnen angetan hatte, umso mehr wurden die Tiere wütend.

Da stellte sich die beinah Kleinste nach vorne und sagte: Seid still! Kommt...gehen wir und zaubern wir uns eine neue Welt mit unserer Revolution. Wir stürzen den Mensch von seinem Thron...wir holen uns seine Krone, die er meint zu besitzen.

Da liefen die Tiere los, wütend und voller Tatendrang endlich ein Leben zu können, was ihnen zusteht. Endlich in Frieden miteinander und ohne Hass, Tod und Gewalt. Endlich respektvoll mit dem, was sie nährte und was sie liebten.

Alle Tiere der Welt schlossen sich an. So marschierten sie um den Erdball durch alle Länder. Riesig war dieser Marsch und wurde immer umfangreicher.

Wo sie hinkamen vertrieben sie die Menschen und holten sich ihre Welt zurück. Stellten das Gleichgewicht der Natur wieder her. Dort, wo kein Mensch mehr ihre Wege kreuzten kehrte Liebe und Freude ein. Waren nun Freundschaft und Glück daheim und ein unbeschwertes Leben für die Tiere.

Zum Schluss hatten sie alle Menschen auf einen einzigen Fleck Erde getrieben. Darum bauten sie eine riesige und unüberwindbare Mauer, worin sie den Menschen leben ließen. Sozusagen des Menschen Welt in der Tierwelt, jedoch nicht mehr gefährlich für die Tiere.

Nun waren die Menschen sozusagen im Exil vor den Tieren und alles hatte sich umgekehrt...Die Tiere waren aber im Gegensatz zum Menschen nicht rachsüchtig oder nachtragend...sie ließen die Menschen in ihrer Welt in Ruhe...und brauchten noch nicht mal Sorge haben, dass sie eines Tages wieder in ihrer - der Tierwelt- sein könnten.

Denn der Mensch rottete sich gegenseitig wie von allein aus...führten weiter Kriege gegeneinander, andere schauten wie gewohnt weg, wieder andere stachelten dazu an, sich noch mehr gegenseitig zu hassen. Ein paar Wenige grenzten sich von diesem Hass ab und gründeten innerhalb des Menschen Welt eine neue, die friedlich und gerecht war - ohne Hass und Kriege, ohne Morde und ohne Hunger oder Leid.

Die Tiere und Pflanzen aber lebten fortan in Frieden und Glück. Durch ihren Zusammenhalt und ihr Verständnis zueinander hatten sie es geschafft und sich befreit...

Lotta Blau

Der Bison

Es ist viele Jahre her..im Tiergarten stand ein Bison vor
dem Tor des Käfigs. Ein alter , riesenhafter Bulle, das
mächtige Haupt gesenkt - Und immer wieder schlug er
gegen das Tor des eisernen Gatters. Immer wieder mit
seinen Hörnern, in ruhigem Rhythmus.. Er holte nicht
weit aus.. war immer knapp vor den Gitterstangen.. und
schlug dagegen.. Tschang ---Tschang -- und der Boden
dröhnte von seiner Kraft. Seine Augen waren dunkel,
ohne jeden Glanz.. sie hatten nicht einmal den Glanz
der Verzweiflung.
Die anderen Tiere fraßen, tranken, ruhten in der Sonne,
die Kälber balgten -
der alte Bulle schlug weiter an die Gitter-- in ruhigem
Rhythmus immer wieder... Tschang Tschang - und
irgendwo.. weit in der Welt seiner Gedanken , war ein
Hauch von Freiheit, Sonne und Prärie.
Thomas Macek

Die letzten warme Sonnenstrahl´n
des Jahres.

Die Taubenschar versammelt sich
genießt
nimmt Wärme auf
Hat die Zeit und die Freude dran
weil sie nicht hetzen muss, nach etwas ohne Wert

und bleibt Sommergruß für mich
in grauen, kalten Wintertagen.

Texte und Bild Thomas Macek

Das Tiergericht

Es ist noch nicht so lange her, da gestand der Mensch auch dem Tier das Recht ein Unrecht anzuklagen.

Heute trat ein Bär vor das hohe Gericht. Der Richter fragte den Bären, was er anzuklagen hätte.

Der Bär antwortete: Hohes Gericht, wenn Ihr so hoch seid, wie Ihr Euch gebt, dann wisst Ihr warum ich hier bin. Dann wisst Ihr auch, was Ihr ändern könntet mit Eurem richterlichen Wissen und Können aber vor allem Eurem Gerechtigkeitssinn. Den werdet Ihr doch sicherlich in Eurer Position besitzen?

Der Richter rutschte auf seinem Stuhl hin - und her. Dann nickte er. Selbstverständlich, werter Bär...also Bitte sehr. Nun sprich und trage mir vor...

Da sprach der Bär: Ich dachte Ihr wüsstet...doch Ihr wisst nicht. Habt Ihr keinen Blick in die Akten geworfen?

Ich bitte Euch einen Beschluss zu genehmigen,sagte der Bär, der es dem Menschen verbietet Tiere zu quälen, zu morden, zu verletzen oder gar...ihre Felle oder Knochen über ihre Köpfe und Zimmer zu hängen. Ich bitte das Gesetz, welches der Mensch uns einmal zugestanden hatte, einzuhalten...Ich bitte um Schutz.

Der Richter tat erstaunt...runzelte die Stirn...

Ach, sagte er...tut der Mensch das denn nicht?

Der Bär kam sich veralbert vor und er wurde gleichzeitig ziemlich traurig.

Ich merke, sagte der Bär, Ihr nehmt uns Tiere nicht ernst...ihr Menschen glaubt immer noch, dass ihr klüger und weiser seid, dass ihr allwissend und mächtiger als die Tiere seid. Ihr habt noch nicht verstanden, worum es im Leben wirklich geht aber wollt darüber urteilen und tut das auch?

Jedes Tier ist klüger als Ihr. Ist weiser als Eure geschriebenen Paragraphen...ist am Ende mächtiger, als der Mensch.

Ich sage Euch...wir Tiere werden nicht mehr ausharren in unserem vom Menschen gemachten Elend...wir stehen auf und gründen ein eigenes Tiergericht, das das Eure nicht benötigt, denn nun werden wir über Euch richten und nicht mehr ihr Menschen über uns.

Dem Richter imponierte das in seiner menschlichen Hochmut wenig, denn er glaubte ja daran, dass die Macht nur in seiner Hand läge. So klopfte er mit seinem Richterholz auf den Tisch und sagte:

Genug. Abgelehnt!

Dann stand er auf und sagte: Nun..geh zurück in deinen Wald, Bär. Es ist wie es ist ...die Tiere haben sich dem Menschen zu fügen.

Der Bär ärgerte sich und dachte dabei: Es werden sich die Menschen noch wundern.

Der Einzelne freilich merkte es nicht gleich und sofort...aber es änderte sich in kleinen Schritten etwas und die Tiere begannen ihr Tiergericht. Sie versammelten sich in einer großen Runde und jeder durfte seine Not vortragen. Es gab keinen Oberen, der dann darüber richtete und auch keine Paragraphen, sondern die Tiere hörten einander zu und bildeten sich dann ihr Urteil gemeinsam. So fühlte sich jeder in seinem Kummer ernst genommen und selbst das kleine

Glühwürmchen fand den Mut sein Leid vor anderen zu erzählen.

So kam es auch, dass sich viele, viele Tiere über den Menschen beschwerten. Grauenvolle und schlimme Schilderungen waren das. Furchtbar gequälte Geschöpfe klagten ihre Schmerzen.

Da entschieden sie, dass sich mehr gegenseitig unterstützen müssten gegen die oft so grausamen Menschen. Da sie aber wussten es waren nicht alle so, warnten sie sich gegenseitig auch davor, alle als böse zu sehen.

So kam es, dass sich plötzlich keine Bienen mehr um des Menschen Obst kümmerten oder die vernachlässigte Hofkatze sich nicht mehr um die Mäuse im Stall kümmerte, der Wachhund nicht mehr aufpasste oder die Pferde den falschen Weg liefen und sich nicht steuern ließen.

Viele, viele Beispiele könnte man nun nennen. Die Menschen verstanden nicht, was anders war und warum - aber sie merkten es hatte sich etwas verändert. Sie begannen nachzudenken...freilich, vielen war das egal...aber die paar wenige Menschen, für die es noch nicht zu spät war, die haben gelernt und spürten die Macht der Tiere.

Vom Tiergericht freilich bekamen sie nie etwas mit. Nur, dass kein Tier sich mehr auf den Menschen verließ oder gar seine richterliche Hilfe wollte...das merkten sie schon.

So tat sich etwas in der Welt und wenn es auch nur kleine Veränderungen waren...

Nun achtet einmal auf das Verhalten der Tiere...vielleicht bemerkt auch Ihr etwas in Eurer Nähe.

Bild und Text Lotta Blau

Erlebnis

Ich hatte in Eisenerz ein Erlebnis... eine Gruppe Schafe
war da... davon hatte eines eine Verletzung am Huf.. die
anderen nahmen es behutsam in ihre Mitte, es legte sich
nieder, und die Tiere bildeten einen Kreis, um es zu
beschützen. Eine sehr zarte , liebevolle Energie ging
von der Gruppe aus..
Würden wir auch verletzte , schwache Mitmenschen so
schützen? Ich tu mir auch immer schwerer mit der
Ansicht, wir haben das Recht, sie zu töten und zu
essen...wer kann ein Tier, das so voll Liebe ist, wirklich
töten? Da war auch eine Henne, die sich so lieb um ihre
Küken kümmerte. Die Kirche predigt noch immer,
Tiere haben keine Seele.. die das sagen ,hatten nie den
Mut, ein Tier richtig anzusehen... hören wir auf, Tiere
als Produkte zu betrachten.. .wir werden dann auch den
Menschen gegenüber feinfühliger..
Thomas Macek

Nur Pferde?

Sie stehen
stehen in Lärm,
in Staub und Schmutz
in Hitze und in Kälte.

stehen angebunden an den Wagen
Stund um Stunde
Tag um Tag
Jahr um Jahr,
und wenn sie gehen,
dann ziehen sie die Kutsche
mühsam durch den Autogestank

Wund gescheuert ,geschwollen
sind die Gelenke,
müde, erloschen das Auge.
Bäume gibt es für sie nur
am Rande der Straßen,
weiche,
weite
duftende Wiesen
nur in manchen Träumen.

Ihr Ende der Schlachthof
verbraucht
missbraucht
zum Tode erschöpft.

Es ist Tradition , sagt man..
und die Touristen zahlen´s
Und was die Pferde denken,
was sie fühlen,
das kümmert niemanden.

Thomas Macek

Als die Tiere die Menschen verließen

Wie jeden Morgen schlug die Stalltüre gegen die Mauer und der Bauer knipste das Licht im Stall an, damit er die Kühe an die Melkmaschine anschließen konnte. Dabei bemerkte er, dass bei der einen Kuh das Euter nicht ganz in Ordnung war und dadurch fast keine Milch abgegeben wurde.

Ah, dachte der Bauer, da werde ich gleich den Doktor anrufen, damit er sich das mal anschaut und wenn nichts mehr geht, dann wird die Kuh eben geschlachtet.

„Nicht wahr", sagte er und drehte sich zur Kuh, „damit bist du wenigstens noch zu etwas gut!" Dann ging er hinaus, um zu telefonieren.

Was er nicht wusste, die Kuh hatte jedes seiner Worte verstanden. Schon lange schmerzte ihr das Euter. Sie konnte sich überhaupt nicht mehr hinlegen, weil es sonst zu sehr drückte, das übergroße Euter.

Alle Kühe im Stall hatten jedes Wort des Bauern verstanden. Ja, sie verstanden die Sprache der Menschen.
Der Bauer wusste auch nicht, dass die Tiere sich untereinander Namen gegeben hatten und jene Kuh mit den Schmerzen, hieß Lis.

„Oh, was soll ich nur tun?, sprach sie. Das ist mein Ende! Ich werde geschlachtet, weil ich keine Milch mehr geben kann und krank bin! Jahr für Jahr habe ich alles gegeben und nun, da ich einmal nicht mehr kann, muss ich sterben. "

Die anderen Kühe schauten auf den Boden. Nein, sie wussten auch keinen Rat. Jahr für Jahr hatten sie ihre

Kälbchen weggeben müssen, damit sie Milch für den Menschen geben konnten und Jahr für Jahr sahen sie hin-und wieder die eine oder andere Kuh- hinausgeführt zum Schlachter.

„ Ach, Lis", sagte die Älteste, „ wenn ich doch nur wüsste, wie ich dir helfen kann. Aber es gibt wohl keine Rettung. Mich wird es wohl auch bald treffen. Ich bin so müde von all den Jahren und so traurig, um all meine Kinder. Immer Kälbchen zu bekommen, nur damit man weiter Milch geben kann. Ach... warum nur tut der Mensch uns das an?"

Als sie das gesagt hatte, da stimmten alle in ein Klagelied ein. Mit gesenktem Kopf und Tränen in den Augen.
Als plötzlich der Bauer hereinkam und mit ihm der Doktor.
„Da schauen wir uns das doch mal an." Er beugte sich nieder und begutachtete das Euter von Lis.

„ Ja, das schaut nicht gut aus. Ich kann jetzt nur noch spritzen, damit sich das Euter etwas verkleinert. Aber Milch geben wird sie wohl nicht mehr können."
Der Bauer schlug sich in die Hände und sagte: „ Na, dann kommt eben eine neue Kuh her!"
Lis schlug das Herz bis zum Hals. Um ein Haar hätte sie mit ihren Hinterbeinen ausgeholt und den Doktor getreten.

Am Abend konnte keiner schlafen im Stall. Alle überlegten, was sie tun könnten.
„ Freunde", sagte die Älteste," so kann es nicht mehr weiter gehen. Jahr für Jahr sperrt man uns ein, nimmt

uns unsere Kinder und am Ende landen wir beim Schlachter."

„ Ja", sagte eine andere.

„ Ja, ja - aber was können wir tun?"

Die Älteste drehte ihren Kopf zu Lis: „Seht nur, sollen wir denn wieder warten bis zum Morgen. Sollen wir wieder warten, bis unsere Freundin hinausgeführt wird? Nein, lasst uns ausbrechen heute Nacht, wenn der Bauer schläft."

„ Aber was ist, wenn er aufwacht und uns erwischt?"

„ Das ist zu gefährlich", sagte eine.

„ Stimmen wir ab", gab die Älteste zurück.

„Wer ist dafür, wer dagegen. Die dafür sind sollen einmal muhen."

Alle, bis auf zwei waren dafür.

So geschah es, dass sie noch in jener Nacht aus dem Stall ausbrachen und sich zunächst im nahegelegen Wald versteckten.

Bald hatte sich im ganzen Tierreich diese Tat der Kühe herumgesprochen. Nun schöpften auch andere Tiere Mut, um ihren traurigen Leben zu entkommen. Als der alte Hund an der Kette mal wieder getreten und geschlagen wurde, riss er sich mit letzter Kraft los und machte sich aus dem Staub.

Die kleinen Ferkel, die nach nur sieben Monaten, die sie leben durften, um recht fett zu werden, abgeholt werden sollten, damit sie zu Wurst und Fleisch werden, rannten den Bauern um, der sie zum Auto trieb und liefen hinunter zum Wald.

Die Gänse zwickten den Menschen in die Hände, als man sie töten und rupfen wollte. Sie entkamen ebenso, wie die Hühner in den Legebatterien.

Alle Hühner hatten sich des Nachts versammelt und so

vor der Tür aufgestellt, dass sie sich in das Gesicht der Menschen werfen konnten, damit er nicht sah, wohin sie flohen. Nur die letzten, die das Gesicht des Menschen verdeckten, erwischte er. Sie hatten sich für die Freiheit der anderen geopfert.

Die Pferde weigerten sich weiterhin ihre Reiter zu tragen, die sie schlugen. Die Schafe wollten nicht mehr blutig geschoren werden und ihre Wolle, die sie schützt abgeben.

Ja, sogar bis zu den Zoos drang die Nachricht. Der Bär wollte nun nicht mehr auf einer Fläche von vier mal vier Metern hin-und her laufen. Die Pinguine nicht mehr unter Neonröhren stehen und der Löwe wollte endlich wieder frei sein. Die Elefanten nahmen sich an den Rüsseln und liefen hinaus. Die Giraffen halfen den Polarfüchsen sich aus ihren Käfigen zu befreien. Alle Tiere waren in Aufruhr und liefen hinunter zum Wald. Dahin, wo alle anderen Tiere auch schon waren.

„ Es ist genug, was die Menschen uns angetan haben! Wir alle haben sie verlassen.", sagten die Tauben.

"Es ist an der Zeit ihnen zu zeigen, dass wir ohne sie leben können, aber sie auf uns angewiesen sind. Und so lange, wie sie nicht gelernt haben uns so zu behandeln, wie wir
es brauchen, werden wir nicht mehr zurückkehren."

„ Seht nur, da kommen die Esel und da die Nashörner aus dem Zoo."

„ Ja, da drüben kommen die Affen, die Vögel und sogar die Hummer und Krebse..."

Da war es an der Zeit zu überlegen, wohin sie gehen könnten.

Der Löwe trat nach vorne und sagte:

„ Hier im Wald können wir nicht bleiben. Bald werden sie uns finden, vielleicht jagen und töten sie uns. Lasst uns daher ein Schiff bauen und um die Welt segeln. Die Tauben werden hin - und wieder zu den Menschen fliegen, und schauen, ob sie sich gebessert haben. So lange, bleiben wir auf dem Schiff. "

Mittlerweile hatten sich auch die Tiere des Waldes den Stall-und Zootieren angeschlossen.

Eichhörnchen, Rehe, Hasen, Wildschweine, Eule und Wolf.

Sie alle hatten es satt, dass man sie jagte oder ihnen Fallen stellte.

„Hört", sagten die Igel." Auch wir gehen mit euch mit. Nacht für Nacht werden wir auf den Straßen der Menschen überfahren. Und es werden immer mehr Straßen..."

„Und wir wollen nicht mehr getötet werden, nur weil die Menschen Angst vor uns haben," sagte die Hummel.

Selbst die Schmetterlinge ließen sich auf dem Rücken eines Elefanten nieder.

„ Wir wollen nicht mehr, dass man uns auf Bretter nagelt und sammelt. Unser Leben ist doch so kurz..."

Es wurden immer mehr und mehr Tiere.

Da kamen seltsame Geräusche aus dem Unterholz. Die Tiere bekamen Angst.

Als diese Töne aber näher kamen, sahen sie, dass es Hunde, Katzen und Mäuse waren. Sie alle kamen aus den Versuchslabors der Menschen. Manche von ihnen mussten sich gegenseitig stützen, manche hatte man auf eine Trage gelegt.

„Nehmt uns mit. Wir flehen euch an. Wir wollen nicht mehr Tag für Tag gequält werden. Tag für Tag diese

Schmerzen. So viele sind schon gestorben... so viele
Tode."
Die anderen Tiere nickten.

Schließlich machten sie sich an die Arbeit und
zimmerten ein riesiges Schiff. Sie nahmen genug Vorrat
mit. Legten auch Beete an und damit sich die Tiere
auch alle wohl fühlen konnten, auch einen kleinen Wald
und ein Wasserbecken. Niemand sollte weiterhin zu
leiden haben, Es sollte allen gut gehen.
„ Wir werden alle Länder abfahren und an den Häfen
die Tiere aufnehmen, die mit uns kommen wollen. Wir
werden nach Afrika fahren, wo man Affen isst, wir
werden den Seepferdchen helfen und auch den Walen.
Sie können mit uns schwimmen. Wir werden sie
beschützen. Wir werden zu den Eisbären an den
Nordpol fahren und den Seerobben helfen.

Nach vier Tagen und vier Nächten war das Schiff fertig.
Es war größer als das größte je gebaute Schiff.
Sogar die Regenwürmer hatten davon gehört. Sie
wollten sich nicht mehr an den Angelhaken aufspießen
lassen, denn auch sie fühlen Schmerz.
Alle, alle Tiere die je lebten waren eingetroffen, um
sich vom Menschen zu befreien.

Seitdem starb auch der Wald, die Täler und die Berge,
denn die Tiere hatten ihren Lebensraum erhalten. Nun
aber, da kein einziges mehr da war, starb alles andere
auch.
Der Mensch aber musste nun selbst alle Arbeiten
verrichten, die sonst ein Tier für ihn tat. Es gab keine
Milch mehr und da alles andere auch nicht mehr
existierte, ging es dem Menschen immer schlechter.

Wie sollte er leben, ohne Wälder, ohne Wiesen und
Felder?

Keine Biene war mehr da, um die Blüten zu bestäuben,
also gab es auch keine Früchte, auch keine Vögel mehr,
die die Samen verbreiteten, auch nicht ihren
wundervollen Gesang... keine Schmetterlinge für die
Liebe. Alles war leer und öde...Ob sie sich jemals
bessern werden?

Wenn ihr einmal eine Taube hört, dann könnte es sein,
dass sie gerade danach schaut.

Lotta Blau

Es hat wieder begonnen...

Seltsam...

Sie müssten entnehmen
sagen sie
sie müssten
Bestände regulieren
argumentieren sie
der Wald..die Blatttriebe
müssten geschützt werden
sagen sie

seltsam
dass man die Wölfe tötet
wo sie doch seit Urzeiten regulieren
seltsam...man tötet Bären
Wisente
alles was wild ist
ist wohl auch böse?

seltsam
sie jagen wieder

97

wo doch kaum noch was
lebt und atmet in Wald und Flur
seltsam...es gibt belassene Wälder
Urwälder
die sich samt aller Lebewesen
selbst regulieren

seltsam...dieser Jahrmarkt
der Seltsamkeit

Seltsam...

Bild und Text Lotta Blau

Schmetterling

Flieg mit mir
ins Blaue ,
du hübscher Schmetterling,
Flieg mit mir in die Leichtigkeit..
ins warme Licht einer freundlichen Sonne
mit dem warmen Wind eines lachenden Tages.
Flieg mit mir in die Zärtlichkeit,
wo nichts Raues ist,
nichts Derbes,
nichts Lautes ,
und tanz mit mir
im Spiele
zarter, linder Lüfte …

Thomas Macek

Schmetterling im Prater

Den ersten Schmetterling,
den hab ich heut im Prater g´seh´n
zart
fein
gelb
wie ein liebliches Lied
das ein Kind singt
flatterte er durch den
noch kahlen Wald.
Das Leben kommt zurück
die Sonne
die Wärme

und viele Vögel
die schon lang fort sind
singen bald wieder in der Au
Ein Lebensmorgen,
der Frühling winkt uns
und die Leichtigkeit des Seins.

Thomas Macek

Bild Lotta Blau

Bedingungsloses Einkommen

Einer ist immer mit dir
der dein Herz an die Hand nimmt
und jede Traurigkeit in dir spürt
jedes Lachen mit dir spielend küsst
dem es egal ist
woher du kommst
wer du bist
welche Religion
oder ob Atheist
dem egal ist
ob du arm bist
Kind oder alt
nur eines zählt für ihn
und das reicht er dir
mit treuen Knopfaugen hin
seine Liebe
von ihm
dem Tier
zu Dir

Lotta Blau

Ein Glück das es dich gibt

Ich hab mein Herz
für immer an dich verloren
an deine Liebe
an deine Güte
und deine Treue
ich ließ meine Träume
durch dich erblühen

erklär dir die Sterne
erzähl dir vom Regen
oder vom Drachen im Himmel
dem wir in den Wolken begegnen
kann immer auf dich bauen
dir vertrauen
ohne das übliche Misstrauen
dieser Gefahren der Welt
du bist der größter Schatz
meines Lebens
immer da und an meiner Seite
schenk dir mein ganzes Umarmen
in mein Glück hinein
wir sind miteinander
niemals allein

Bild und Text Lotta Blau

Der alte Adler

"Das waren Zeiten",
dachte sich der alte Adler,
als ich noch
hoch über den Bergen flog
Stunden lang
und immer wieder hoch hinauf
nicht müde würde
sondern seliger,
je länger ich flog.
Doch heute
sind die Flügel lahm
und froh bin ich
wenn ich noch manchmal
auf die Hendlstiege flattern kann.,
wenn mir jemand hilft.
Vom Flug durch die Himmelräume
kann ich noch träumen,
n lauen , schönen Sommernächten.."
So dachte der alte Adler
und hob zaghaft die Flügel
"Vielleicht geht´s ja heute
doch ein Bisserl höher"

Thomas Macek

Bild Lotta Blau

Fortschritt?

Wie fortgeschritten eine Gesellschaft wirklich ist, erkennt man am Umgang mit der Natur und den Tieren und auch, wie mit sich selbst als auch anderen Menschen umgegangen wird. Schnell stellt man fest, dass es zwar immense technische Fortschritte gibt, aber je mehr Technik, umso mehr fällt der Geist und die Kreativität zurück. Auch, wenn natürlich diese Entwicklung zwei Seiten hat.

Eine Menschheit, die weltweit - mit Ausnahmen - nicht begriffen hat, dass er den Baum schlägt, der ihm Nahrung gibt, oder sagen wir dass er das, was er zum Leben benötigt selbst schrittweise tötet, kann nicht wesentlich weiter entwickelt sein, als zu Beginn sich sein Stammhirn bildete.

Eine Menschheit, die weltweit-mit Ausnahmen - tagtäglich Millionen Tiere quält und mordet ist nicht wesentlich weiter entwickelt, als er anfing zu jagen, sondern sogar noch weiter zurück entwickelt, da es ein derartiges grausames Verhalten - gebilligte

Massenqual - gegenüber anderem Leben damals nicht gab. Dabei ist es unerheblich, dass die Menschheit sich überflüssigerweise derart vermehrt hat.

Eine Gesellschaft, die bis heute nicht verstanden hat, ihre Welt, ihr Erdkugel zu lieben, zu schützen und sich mit ihr herzlich zu verbinden, sondern alles berechnend benutzt und daraus resultierend zerstört, ist im Wesentlich abgestumpft und empathielos.

Eine Gesellschaft, ist rückständig und geistig stagniert, wenn nach zahlreichen Beispielen von Kriegen immer noch weiter aufgerüstet wird und weitere Kriege geplant und ausgeführt werden.

Eine Politik, eine Gesellschaft ist unfähig zu verstehen, das die beste florierende Wirtschaft wertlos ist, wenn diese gleichzeitig die Armut, Hunger und Hass untereinander weiter schürt, sowie kein noch so toller Arbeitsplatz nützlich ist, wenn gleichzeitig der Wald, der Platz- die Natur zerstört wird.

Was nützt die beste Wirtschaft, wenn bald nichts mehr da ist, um es zu be/-verwirtschaften? Oder kann man ein Auto essen? Kann man sich die Kohle aufs Brot schmieren? Oder kann man ohne Sauerstoff leben?

Lotta Blau

Bild Thomas Macek

Der kleine Schmetterling

Er flog einfach weg
der kleine Schmetterling ,
der nicht mehr bleiben wollte
im Lärm der Welt.
Er flog einfach weg
und wir, die blieben...
sahen ihm fassungslos und traurig nach.
Doch er flog
und flog
und flog
ganz weit hinaus ins Licht
sah nicht mehr hinter sich
und flog
und flog
und es wurde hell und weit im Sommerlicht
und er war endlich glücklich!

Franziskus

Als Franziskus, der Heilige,
zu den Menschen sprach
wollten sie ihn nicht hören,

sie waren beschäftigt damit,
Geld zu verdienen,
Kriege zu führen
zu zechen
zu prassen,
und die Armen zu verfolgen.

Da ging er hin zu dem Fluss,
der da war,
setzte sich an seinen Rand
und begann

zu den Fischen zu sprechen,
und
und auch die Vögel kamen,
hörten ihm zu,
und die Tiere der Weiden,
und die Tiere des Waldes
sogar der gefürchtete Wolf kam
und
legte sich zu seinen Füßen

Und er sprach zu ihnen,
von dem, was die Menschen
schon damals nicht verstanden,

mit offenem Herzen
die Schöpfung zu sehen,
mit offenem Herzen
die Schöpfung zu lieben.

Doch die Tiere,
die verstanden das ja ohnehin
und sie freuten sich
dass da ein Mensch war,
der fühlte wie sie,

und die Fische hüpften
vor Freude aus dem Wasser
die Vögel sangen dem Heiligen
ihre schönsten Lieder
die Tiere der Weiden
und die des Waldes
erzählten ihm Geschichten
und der gefürchtete Wolf
wärmte ihn,

als es abends kühler wurde.

Und so waren nicht nur Sonne und Mond
seine Geschwister
Sondern auch die Fische
die Vögel
die Tiere der Weiden
und die des Waldes
und sogar der gefürchtete Wolf.

Nur die Menschen,
für die seine Worte so nötig waren,
wollten ihn nicht hören.

Thomas Macek

Ohja...Wir Tiere lieben...

Ohja wir lieben, wir Tiere,
wir können das.

Wir können lieben
können uns freuen,
wir können auch trauern
und leiden.

Wir können nicht hassen, wir Tiere
das könnt wohl nur ihr Menschen,

doch wir können Schmerzen empfinden,
wenn ihr uns
unsere Kinder nehmt,
unsere Freiheit
das Sonnenlicht
und wenn die Messer Eurer Schlächter
in uns´re Hälse schneiden.

Wir können auch schreien vor Schmerz
doch ihr hört es nicht.
Oder ihr wollt es nicht hören.

Ohja wir lieben, wir Tiere,
Könnt ihr das auch?

Warum liebt ihr uns nicht?

Thomas Macek

Was würde der Revolutionär Jesus wohl heute sagen?

Bild Lotta Blau

Ausgesperrt

Gestern brachten sie neue Netze an
gegen die Tauben
die dort seit Jahrzehnten wohnten
die saßen auf dem Boden
wussten nicht mehr wohin
irritiert liefen sie hin und her

während am Boden Müll
neben Abfalleimern und auf den Stufen lag
während es stank
ausgekipptes altes Bier
Kaugummi wie graue Farbinseln an jeder Ecke klebten

während auf den Stufen Kotze in der Ecke stank
nennt man sie schmutzig und Ratten der Lüfte

während
Zigarettenkippen herumlagen
und der Qualmgeruch belästigend in der Luft hing
vor dem es dann kein Entrinnen gibt...

Während Fahrgäste auf ihre Züge warteten
warteten die Tauben dass sie wieder in ihr Zuhause
durften

die einen ließen ihren Müll liegen
grölten, betitelten sich als Spasti
betitelten sich gegenseitig
ob sie behindert seien
und fuhren weiter

die Tiere blieben da
und sollten vertrieben werden

kein Platz für sie
nur für Gestank, Müll und Kotze
von lauten Menschen

Ach...wie ist der Mensch doch anständig
lieb und sauber...

Bild und Text Lotta Blau

Fleisch ist Leben... Tiere sind unsere Mitgeschöpfe ,
keine Industrieerzeugnisse: es ist leider auch eine
Mitschuld des Christentums, das Tieren immer die
Seele absprechen wollte... so wurden sie zu Dingen..
Gebrauchsartikeln... in unserer Wertevorstellung... das
ist nicht im Sinne der Schöpfung... da sind wir weit
weg vom Bewusstsein der ach so unzivilisierten
Naturvölker, die man ja mit Gewalt angepasst hat, die
jedes Tier und jede Pflanze als heilig ansahen , und sie
mit Respekt behandelten.. die Qual , die wir den Tieren
antun, liegt wie eine dunkle Wolke der Grausamkeit
über uns... und erzeugt noch mehr Gewalt und Hass
auch Menschen gegenüber...

Thomas Macek

Soviel Schutz
braucht uns´re Welt.

Die Tiere,
die von der Erde verschwinden,
die Gewässer, die verseucht,
die Luft, die verpestet wird.
Die Pflanzen , die verdorren
die Menschen, die missbraucht werden

Soviel Schutz braucht uns´re Welt
vor uns Menschen.

Können wir sie nicht mehr schützen?
Haben wir so versagt?
Ist da nichts mehr zu machen?
Gar nichts?

Vielleicht doch noch.
Vielleicht geht bald die Sonne
über einer neuen Erde auf.

Thomas Macek

Friede allen Lebewesen...Die Warnung.Bild Lotta Blau

Die Tierwelt-Regierung

Wie gefährlich ist der Mensch ?
Das diskutierte gestern in einer Sitzung
die neu ernannte Tierwelt-Regierung
dazu gab's zwischendurch Salat mit Senf

aus Sicht der Tiere
dieser herrlichen Geschöpfe
sollte man die Menschen beurteilen
ihre Herzen und ihre Köpfe

sie redeten Stundenlang
dem einen oder anderem
Tierabgeordneten wurde schon ganz bang
als aus den Uhren die Mittagspause klang

alle strömten in die Kantine
dort bediente sie eine flotte Biene
die fleißig und immer schneller
den Abgeordneten die vollen Teller

über die Theke reichte
alle setzen sich an lange sauber und frisch gewischte
Tische
manche schwiegen - andere diskutierten weiter
und derweil standen zwei Fensterputzer auf der Leiter

und putzten die Scheiben des teuren Gebäudes
der Herren und Damen im feinen Anzug und Kostüm
und sehnten sich zur eigenen Mittagspause hin

nach dem Essen und reichlich Trinken allemal
gingen die Abgeordneten zurück in ihren Saal
essen macht müde und zufrieden
drum haben sie dann schnell entschieden

aus reiner Pro forma und Kulanz
der Mensch sei doch ein Wesen für sich
und leider auch nicht besonders königlich

schnell schrieb man noch ins Protokoll
das Maß sei voll
man würde ja nicht hören
und weiter allerlei zerstören

als da kam einer auf die Idee
und kratzte sich dabei an seinem großen Zeh
das war eine nervöse Marotte ganz klar
aber er fand seine Idee ganz wunderbar

wenn es so bleibt, wie es ist
und das ihr alle es auch wisst
dann verlassen alle Tiere die Erde
ob Ochs, Esel oder Pferde

der Mensch aber kann ja nicht ohne Tiere
Pflanzen und Insekten
es sei denn er kriecht selber auf alle Viere

also drehen wir den Spieß um
bringen wir doch gleich alle Bürger drum
zum Mond- den wir bebauen

dort ist es zwar kahl und etwas kühl
aber wenigstens können sie dort keinem Tier
wenn man so will
mehr das Leben und die Freiheit klauen

alle fanden diesen Vorschlag toll und weise
und schickten sogleich die ersten Menschen auf die
Reise
seitdem sieht man von der Erde hoch zum Mond
das dort die Menschheit endlich in Frieden wohnt

denn wo nichts ist kann man nichts nehmen
kann nichts kaufen oder verkaufen
man nur gehen oder laufen oder
über die Krater springen
und ins Weltall singen

Ach war das ein Fest für alles Leben auf der Erde
ein Blühen und eine pure Liebe
trotzdem...manchmal buchten Tiere Flüge

da wollten sie sehen
was die Menschen so machten
und ob es stimmte...das ohne jeglichen Besitz
sie endlich wieder liebten und lachten

Lotta Blau

Tierliebe

Tierlieb
bin ich
sagt fast jeder
doch wenn es darum geht
die Wälder, die Berge, die Meere
die Felder und Wiesen
die Moore und Flüsse zu schützen
in denen die Tiere leben
dann beschimpfen sie jene
die das tun
die sich bewegen
etwas ändern wollen

Dann spinnen die auf einmal
werden gemobbt, beschimpft
gemieden und denunziert
gar als Feinde hingestellt

sagt mir: Das ist Eure ambivalente Sicht der Welt?

Haben Tiere einen anderen Himmel? Spontane Gedanken...

Es gibt keinen getrennten Himmel für Tiere, oder wie auch immer das jeder für sich nennen mag. Für mich ist alles zusammenhängend und verflochten. Ob Tier oder Mensch - wir sind sie und sie sind wir...denn alles agiert miteinander. Jedes Atom dieser Welt mit dem des Universums und zurück.

Ich habe schon oft darüber geschrieben und doch...ich habe immer wieder das Bedürfnis darüber zu sinnen und es in Wort zu fassen.

Wir sollten endlich unsere inneren falsch geschaffenen Grenzen und Denkweisen aufheben und die Tiere ebenbürtig unserer Selbst sehen. Sehen wir es logisch...wenn jedes und alles aus und mit oder auch gegen sich agiert, dann kann nichts abgespalten sein vom anderen, sondern ist stetig in Wechselwirkung - egal ob zwischen Menschen oder Tieren.

Somit empfangen und senden wir das, was wir tun und fühlen, und ja auch denken. Leider ist gerade der letzte Punkt sehr kritisch zu sehen. Denn dadurch werden viele manchmal sogar arge Signale ausgesendet, die sich in den Kommunikationsstrings (so nenn ich sie) versenden und verbreiten.

Kürzlich las ich über das erste gelungene Aufzeichnen von Gedanken...Erschreckend nicht?

Und würden wir nichts aussenden, an Energieschwingungen durch unsere innere

Beschaffenheit, die stetig jene produziert durch unsere Zellen oder nach außen agieren, wäre das nie möglich gewesen.

Damit erklären sich auch die Empfinden wenn wir Tieren begegnen oder sie uns. In Gegenden, in denen Tiere noch nie auf Menschen getroffen sind, so hat man festgestellt, haben sie ein anderes - nämlich vorbehaltloses Verhalten. Auch scheu ja...aber dennoch vertrauensvoll und neugierig. Die Frage, die ich kürzlich in einem wunderbarem lehrreichen Video sah, stellt sich daraus ergebend nun: Der Mensch ist es also, der das Verhalten der Tiere formt, mit wiederum seinem Tun. Wie wir Tiere behandeln, so schallen sie uns zurück.

Wir wissen ja nun auch heute, dass zum Beispiel der Darm mit dem Gehirn in Aktion steht...Also diese Zellen und deren Energie mit dem des Kopfes...jedes Organ ist zwar für sich, aber doch auch wieder nicht, denn es agiert mit dem ganzen Körper im Kreislauf.

Und was da in uns "arbeitet" ...das tut es auch aus uns hinaus, genauso werden wir z.B. ständig aus dem All mit Neutrinos beschossen, die alles durchdringen...

So sind wir unser Kreislauf im Kleinen, dass sich im großen Kreislauf befindet und andauernd mit ihm verbandelt...Manchmal passen diese Kommunikationsbahnen zu anderen Menschen, dann kommen unsere Spiegelneuronen und unser empathisches Wesen ins Spiel...denn wir bemerken wie eine Art Zufriedenheits - oder Glückswelle...wir fühlen uns im anderen...

So ist es auch mit den Tieren...schauen wir sie an...in die Augen, dann wirft sich uns ihre Liebe zu uns ins

Innere zurück...Es wäre nicht so, wären sie nicht auch wir...

Denken wir auch uns, als wir noch im Mutterleib

waren...jeder Fötus gleicht so manchen Tieren...und zudem haben wir immer noch unendlich viel von verschiedenen Tieren in uns.

Bild und Text Lotta Blau

Kleiner Vogel

Kleiner Vogel,
der in Dornen singt
Wie süß klingt mir dein Lied.

Sing auch ich in Dornen
Sing wie du
Im Leid vom Glück
Sing in der Sehnsucht
Von der Hoffnung

Kleiner Vogel,
Der in Dornen singt
Kleiner Bruder meiner Seele

Singen wir zusammen
Und die Amsel hört's

Thomas Macek

Tod eines Vogels

Der kleine Vogel
Der allein ins große Geheimnis fliegt
Der Wind nimmt ihn auf
Und geleitet ihn
Und die Bäume geben seiner Reise Kraft
Und die Vögel des Waldes
Singen ihm sein Reiselied
Und milde Sonnenstrahlen
Weisen ihm lächelnd den Weg
Der kleine Vogel fliegt nun nicht mehr allein
Die Geister des Waldes geleiten ihn
Und das Rauschen der Blätter
Flüstert ihm zu

Du bist zu Hause, kleiner Vogel,
Zu Hause im großen Geheimnis
breite deine Flügel aus ---
sei willkommen..

Thomas Macek

Bild Lotta Blau

Die umgekehrte Welt

Es war einmal eine Welt, die sich der Mensch nur all zu wenig vorstellt. Sie nennt sich die umgekehrte Welt. Es ist in dieser Welt alles, was der Mensch ist zu den Tieren, das Tier nun zu dem Menschen.

So geschah es eines Tages, dass ein paar Menschen recht erfreut ein paar Krümel vom Boden aufnahmen, die ihnen eine Taube hinunter streute.

Die Taube hatte daran Freude und sie war eine von denen, die ein gutes Herz hatten und der es egal war, dass die Menschen als Ratten der Erde bezeichnet wurden,die überall ihren Müll liegen ließen und schlimmste Verschmutzungen verursachten. Leider überall, wo sie sich aufhielten, brachten sie alles durcheinander und zu allem Unglück vermehrten sie sich auch noch explosionsartig. Dort, wo sie wohnten wurde meistens auch alles verseucht und zerstört. Als besonders klug galten sie im ganzen Tierreich nicht, eher beschämt schaute man auf sie herab und dachte sich - was für Dummheit in ihnen wohnte, da sie sich selbst schadeten mit ihrer blinden Zerstörungswut, ihrer Gier und Habsucht, ihren Kriegsgedanken und Waffengelüsten. Gegenseitig sogar versuchten sie sich in die Pfanne zu hauen und das alles weil sie den Hals nicht voll genug bekommen können. Jeder zeigt mit den Fingern auf die anderen und kann es selbst nicht besser und wenn ein Mensch unter ihnen einmal anders aussah oder von seinem Wesen anders war, dann wurde es ein schweres Leben für ihn, denn dann sahen die anderen auf ihn herab.

Dennoch hatte die Taube sie seltsamerweise irgendwie

ins Herz geschlossen, denn sie wusste, es gab unter

ihnen auch wenige, die anders waren. Die bedacht und
vorsichtig mit ihrer Welt umgingen und sie hoffte jedes
mal, es sei wenigstens eine unter ihnen, wenn sie ihnen
Krümel hinwarf...

Lotta Blau

Kleiner Vogel Rotkelchen

Kleiner Vogel Rotkelchen du
welch Unschuld du bist
in der großen ungestümen Welt
da blickst du in dieses Leben hinein
und bist so lieblich klein
doch dein Herz ist groß und rein
es wird der meisten Menschen
Herz wohl nie wie deines sein

sie können dich aber betrachten
dich mit ihren Blicken verfolgen
und sich dabei fragen:
Wie kann ein Wesen wie du eines bist
so unbeschwert und scheinbar glücklich sein?

So liebend die Welt und das Leben
wie es ist...
schön, lieb auch rau und furchtbar
Hungerzeiten aber auch satter Überfluss
du nimmst es hin - zeigst darüber keinen Verdruss

du weißt auch nicht
ob dich morgen eine Katze erwischt
oder ob ein anderes Tier dich frisst

du lebst dahin nach deinem Sinn

Frei bist du von allen Zwängen
die der Mensch dem Menschen aufgebürdet hat
seit er existiert ist darum sein Radius eher platt
dabei könnt er längst gereift sein wie eine süße Traube
doch ihn erschreckt ja sogar auf dem Dach eine Taube

Lotta Blau

Der Wolf in dir

Weisheit und Stärke
Liebe und Vertrauen
gegenseitiges Aufeinander bauen
Schutz und Wärme
geheimnisvoll Verborgenes
Mystisches erleben
Verbundenheit mit der Natur
kommt alles in dir selbst hervor
wenn du ihn leben lässt in dir
den inneren Wolf
und seine Äonen alte Pfade
mit deinen Sinnen gehst
Herz, Seele und Geist verbunden
leckt dein Tier in dir alle deine Wunden

Lotta Blau

Ganz allein im tiefen Wald
eine Klause
Stille
Vögel singen tags
nachts die Eule

Rehe kommen,
Hirsche
und ein Fuchs.
Wolf Luchs und Bär
sind seine Freunde.

Feen und Elfen kommen zu Besuch
ganz selten nur Menschen,
Suchende sind´s,
denen er raten kann.

Was kümmert es den Einsiedler,
wenn sich die Völker bekämpfen,
wenn die Mächtigen sich aufblähen,
weit weg ist er von all dem

der Waldgnom erzählt ihm Geschichten
und mit den Bäumen plaudert er.

Manchmal ziehen dunkle Wolken über den Wald,
von Ferne hört er Lärmen
und die Schatten schwarzer Reiter
fegen über den Horizont.
Doch ruhig sitzt er im Abendlicht
und hört der Amsel zu.

Vor vielen Jahren ging er
verließ den Weltlärm
wurde alt wie die Bäume
und fast ebenso weise.

Wenn der Wald einmal brennen wird
und das Menscheneisen das Holz zerbricht,
werden ihn die Engel mit sich führen,
in einen stillen Forst,
der ewig grünen wird.

Thomas Macek

Der kleine Vogel ist voll Seligkeit!

Endlich scheint die Sonne
Endlich ist die Luft wieder
freundlich , lind und lau,
und die Winde
tun ihm nicht mehr weh

Und endlich kommen auch
die anderen Vögel wieder
von fernen fremden Ländern

und bald
so bald
wird er wieder mit ihnen
die schönsten Frühlingslieder singen.

Ich hör's im Wind,
der heftig aus dem Westen weht,
im Vogelsang,
die Vögel sind heut unruhig,
die Sonne scheint andres, als sonst
ein Schimmern und Leuchten
wie aus tausenden von traurigen Augen.

Was hast du, Mutter Erde,
dass du mir solche Zeichen gibst?
Was willst du mir denn sagen?
Was rufen mir die Vögel zu?
Was der Wind,
was das Sonnenlicht?

Ein Rufen hör ich
und ein Wispern
und ein Klagen.

Ich bin still
ich öffne mich
ich höre zu
werde Vogel
Wind
werde Sonne
und versteh

und klage mit
um Mutter Erde.

Thomas Macek

Woher nehmen wir das Recht
ein Tier zu töten?
weil es sportlich ist
weil es schmeckt
weil´s der Wissenschaft dient
weil es einfach stört?
Sind Tiere unsere Sportgeräte?

Ist es nur Instinkt,
dass die Ente Ihre Küken schützt?
Das geraubte Kalb
nach der Mutter schreit?

Instinkt, dass Tränen
in den Augen des Stiers stehen,
wird zur Schlachtung er geführt?

Die Trauer des Hundes, wenn sein Gefährte stirbt,
die Freude des Vogels,
der zum Himmel fliegt,
alles nur Instinkt?

Sind wir wirklich
so viel wertvoller?

Lernen wir,
den Tieren Freund zu sein,
nicht Besitzer
nicht Jäger
nicht Schlächter.

leben wir mit ihnen,
nicht gegen sie.
Mit ihnen wurden wir erschaffen
mit ihnen gestalten wir die Welt
mit ihnen sind wir Teil des Kosmos.

Thomas Macek

So weit
Flog der kleine blaue Vogel
So weit
Über ödes Land
Dürr und verbrannt
So weit
flog er und suchte sein Nest
Er fand es nicht
Der Baum, auf dem es gewesen,
Stand nicht mehr
Der Wald,
In dem der Baum gestanden
War gerodet
Das Land
Auf dem der Wald war
Von Hochhäusern verbaut
So weit
flog der kleine blaue Vogel
Bis er nicht mehr konnte
Und seine Flügel
Immer matter wurden
Mit liebender Hand
Hielt ihn ein Engel
Und trug ihn
Wärmend und bergend
In einen neuen Wald.
Mit hohen Bäumen,
Voll von Kraft
Voll von Schönheit
In einem Zauberland
In dem es keine Menschen gab.

Thomas Macek

glücklich

glücklich
die Sonne scheint
Einklang mit dem Morgen
in dem ich erwache
das Leben grüßt mich
aus seinem Tun heraus
winkt mir gutgelaunt zu
mit einem der fröhlich
den Bahnsteig kehrt
die Tauben suchen
nach Futter im
zusammengekehrten Haufen
das trübt meine Wogen
da fliegen sie auch schon wieder weiter
und setzen sich gurrend und flirtend
auf ein Dach übern Bahnsteig
ich flirte mit dem Sonnenstrahl
das ist im Moment mein Glück
in der Harmonie
annehmen das Jetzt und Hier

Lotta Blau

Magisch

Wir träumten heute beide
übers Licht hinaus
Taube und Mensch
zusammen zeitlos gespürt
vergessen alles
nebeneinander gesessen
vereint unsere Herzen
in ihrem Zauber
vertraut doch unbekannt
wünschten sich unsere Seelen
magisch Hand in Hand

Bild und Text Lotta Blau

Bisschen Liebe

Ich wollte ja nicht weinen
doch mir kamen die Tränen
ich wollt eigentlich nur
mal eine Wiese und bisschen Sonne sehen

vielleicht mal etwas Liebe spüren
oder endlich diese drückende Dunkelheit verlieren
ich wollt nur mal sehen wie das so ist
das Leben, die Luft und bisschen spielen und tollen
doch leider - es hat ja nicht sein sollen

ich bin noch ein Baby, ein Kind eben
das seine Mutter nur kurz sah und sie nicht wirklich
kennt
ihr habt sie mir schnell weggenommen
mein Herz schreit immer noch
nach ihr wie benommen

morgen werde ich abgeholt und zum Schlachthaus
gebracht
dort hört man sie schreien, die schon dran sind
ich bin ja eigentlich ein kleines Kind
wie man bei Euch Menschen so schön sagt
das ihr dann durch den Fleischwolf jagt

morgen...

und dann...dann wird es auch mir hoffentlich schnell
Nacht

ich wollt eigentlich nur bisschen Liebe...

Lotta Blau

WIE WIR MIT DEN TIEREN
umgehen, behandeln
WIR UNSERE SEELE

Noch habt ihr Zeit,
sagt uns die Erde

noch habt ihr nicht
völlig verloren
noch könnt ihr euch retten.

Euch und meine Tiere
meine Wälder
meine Felder
meine Gewässer
meine Luft.

Denn euch gehört ja nichts,
wenn ihr auch noch so gierig seid.

Noch habt ihr Zeit,
wenn ihr jetzt
aufsteht und zusammen haltet
und rettet,
was noch zu retten ist,
wenn ihr verzichtet
wenn ihr teilt
uns die verjagt,
die euch jetzt führen.

Ansonsten
werdet ihr verschwinden,
schneller, als ihr denkt.

Ich werde überleben
und neue Tiere
neue Wälder
neue Felder und Gewässer
auf mir haben

und eine neue , klare Luft
wird um mich wehen
vielleicht nach tausenden von Jahren.

Eine neue Menschheit
werde ich wohl nicht mehr wollen

Noch habt ihr Zeit,
sagt uns sie Erde
aber nicht mehr viel.

Thomas Macek

Bild Lotta Blau

136

Liebes Tier anders gleich

Dein Himmel ist auch meiner
deine Sonne wärmt auch mich
dein Mond scheint auch in meine Nacht
und deine Sterne funkeln auch bis in meine Augen
dein Herz schlägt und meines auch
du atmest und ich atme
du liebst und ich liebe
deine Ängste sind wie meine
und deine Sehnsüchte nach Streicheleinheiten
kenne auch ich
du träumst und ich träume
du kannst leiden und auch ich kann das
du willst einfach sein
und ich auch

liebes Tier- was uns verbindet ist ein Wir

Lotta Blau

Im Traum

Glauben wir noch an ein Fenster
das uns durch die Weite führt
und dessen Blick voller Zauber streift
diese geheimnisvolle Welt

unser tiefstes Inneres berührt
losgelöst aller Schwere
nimmt uns ein Traum an die Hand
von hier nach dort verwoben
an einem unsichtbaren Band

Bild und Text Lotta Blau

138

Ich will leben!

Ohne Schmerzen ohne Pein!
ich möchte nicht lebendig gekocht werden
um euren Gaumen zu befriedigen.

Ich habe ein Recht auf Leben und
ich habe ein Recht
auf einen würdigen Tod

ich bin nicht euer Futter
bin nicht euer Statussymbol
wodurch ihr zeigen könnt
wie reich ihr seid und
wie gut erzogen
wenn ihr mich kocht und dann
verspeist,
im Feinschmeckerlokal
mit Weinbegleitung.

Warum bereitet ihr mir solche Qualen
nur damit ihr vor euren Freunden
angeben könnt
oder vor euch selber.

Ich will leben
in kühlem klarem Wasser
Geschöpf Gottes, so wie ihr

und ich finde mich nicht ab
dass ihr mich grausam
morden wollt.

Thomas Macek

Wo sind denn die Bienen hin?

früher hörte man ein Summen
und ein Schwirren
auf Wiesen
und in Wäldern
ein Tummeln
und ein Surren
und man musste achten
mit nackten Füßen nicht auf sie zu treten.

Schwer beladen mit Blütenpollen
so groß wie ihre eigene Last
flogen sie umher
von Blüte hin zu Blüte.

Ich suchte sie heute
fand sie nicht
es war still auf der Wiese
und still im Wald
Kein Summen,
kein Schwirren war zu hören.

Wo sind denn die Bienen hin?
Ist es zu spät, dass ich das frage?

Thomas Macek

Das Spinnennetz

Ich ging erneut zur Erft, jenem kleinen Flüsschen, das
so klar und lieblich in seinem Bett dahin schwimmt.
Endlos wusch es seine Ufer von allem Schmutz, riss
diesen mit sich bis dieser klar wurde und zu Boden fiel.
Dort haften blieb, als wenn das Saubere, das Reine
schwerer wiegen würde. Seerosen hatten sich entlang
der Ufer vorbereitend auf ihre Blüte verankert. Die
seichte Strömung schlängelte sich durch ihre Wurzeln
und Blätter hindurch. Darauf und darüber wunderblaue
Libellen, die miteinander ihre Hochzeitstänze flogen.
Im Sonnenschein funkelten sie wie Diamanten.

Dem Wasser folgend lief ich immer weiter und kam zu
einer Holzbrücke, an deren Brüstung sich mehrere
Spinnennetze befanden. Eines davon zwischen zwei
Holzstäben.

Es wehte an jenem Tag ein leichter Wind und dieser
zog auch über die Holzbrücke und durch das
Spinnennetz.Es wurde hin-und her geschaukelt, an ihm
gerissen und gezogen...doch es hielt stand. Ich
beobachtet es eine ganze Weile.

Mittlerweile hatte sich der Himmel mit dunklen Wolken
in ein kommendes Regengrau gehüllt.Vom
Sonnenschein ins Finstere...der Himmel versteht das
Leben auf Erden. Es ist ja alles im Himmel, in seinem
Wirrwarr und dann wieder im klaren Blau ein Spiegel.

Ich stehe immer noch auf der Brücke und schau in den
Fluss. Da höre ich eine Amsel aus irgendeinen Baum
oder Gebüsch. Sie schimpft...zumindest deute ich es so.
Schimpf nicht, sag ich zu ihr in Gedanken. Es hilft ja
nichts...das Leben ist nun mal wie es ist. Wir schimpfen

zu viel und achten zu wenig. Ob das Leben nun einen Sinn hat oder nicht, ob es du es nun gut findest oder nicht, ob du dich ertappst manchmal lieber Luft zu sein, dich aufzulösen...das Nichts sein...und auch dann bist du kein Nichts.Das Spinnennetz hat Lücken ...sonst wäre es kein Netz und doch jedes weiter hingerissene Loch durch den Regen oder Wind bedeutet weniger Löcher. Es ist ein Paradoxon und doch so klar und deutlich. Das Nichts...was wir uns denken so nah im Spinnennetz.

Manche Tage flackert uns das vermeintliche Nichts in unseren Gedanken auf...schüttelt uns, prüft uns...wir denken so...nichts...nichts ...egal...egal...nimmer mehr...nimmer mehr...doch jeder dieser Gedanken ist fern des Nichts. Sondern ist das Volle, das Bunte, das Grauvermischte. Frag dich nicht weiter nach dem Sinn...er blockiert dich. Der Geist sucht ständig nach Antworten. So sind wir nun mal gemacht. Immer und immer weiter...doch je mehr man den Sinn sucht, umso mehr findet man ihn nicht, denn das Leben selbst ist der Sinn und darin ist das Oberste die Liebe. Die Liebe ist Alles. Danach streben wir, danach suchen wir, das geben und empfangen wir.

Der Fluss trägt gerade ein Stück Holz mit. Woher auch immer das stammt...es ist ihm egal. Er nimmt es mit, wohin immer es will und an Land gespült wird oder hängen bleibt. Uns treiben die Tage durch das Leben, wie einen hetzenden Esel manchmal...Was wir alles wollen vom Leben ist schier unglaublich. Wir bürden uns unendlich viel auf, was wir erfüllen wollen und auch gewollt sollen. Getreu lassen wir uns einreihen in all diese Strukturen..von uns selbst so gewählt aber auch so gefordert und gepresst vom Staat.

Wir lassen uns treiben und treiben...ich meine nicht das herrliche losgelöste Treiben, sondern das was mit dem Zentimetermaß vor uns ausgebreitet wurde. Da haben wir so zu sein, und dann und dann haben wir das zu machen und dort müssen wir uns hinstellen und begutachten lassen, ob wir auch passend genug geworden sind. Um zu dienen...nichts anderes ist das Leben. Wir dienen...wir beugen und gehorchen und gleichzeitig kämpfen wir dagegen an...schreien nach Freiheit, nach Gerechtigkeit...nach Menschlichkeit und Tierliebe. Und setzen uns sogleich wieder selbst Grenzen, denn wir sollen ja so nicht sein...nicht wahr? Denn alle diese Lücken im Netz, welches uns ein Leben lang hält, worin wir uns schon als werdendes Wesen verfangen haben, ist stets bewacht von einer Spinne. Sie ist es, die dafür sorgt, dass wir möglichst lebend gefangen bleiben und die dafür sorgt schnell wieder die zerstörten Fäden zu erneuern. Ansonsten droht die Gefahr, dass einige hindurch fallen und das Leben ...das wirkliche Leben entdecken. Wenn es jedoch die Spinne gelüstet verspeist sie uns. Dann haben wir zu sehr gezappelt im Netz. Dann waren wir unartig und rebellisch. Unbrauchbar geworden. Dem Gehorsam widersetzend. Man konnte von uns dann keine Erhöhung des Bruttosozialproduktes mehr erhoffen und fürchtete auch die Revolte. Sie könne sich ausbreiten.

Manchmal geht die Spinne auch weg und kommt nach einiger Zeit zurück. Dann krabbelte sie in eine andere Welt, die uns verwehrt wird...uns, die wir sie einmal erst dazu machen, dass sie das ist, was sie ist. Uns lügt und betrügt man. Kein Wörtchen kommt über Ihre Zungen...über geplante Kriege usw.

Ich sehe zur Spinne im Netz...sie hat jetzt ein Opfer

durch den Wind wahrscheinlich, welches noch voller Lebendigkeit um sein Leben zappelt...Auch wir zappelten einmal...oftmals in der Pubertät...wir begehrten auf..wir sträubten uns...wir widersprachen auch gegen alle Konsequenzen. Wir waren plötzlich nicht mehr um achtzehn Uhr daheim, sondern erst gegen zwanzig. Wir wussten - es gab Strafen, doch wir wollten zeigen, dass wir unseren eigenen Kopf hatten. Das man uns respektiert.

Wann genau haben wir das dann wieder verlernt? Wann genau haben wir das aufgegeben und warum? Weil es bequemer ist mitzulaufen? Weil es mehr Anerkennung bringt? Weil es besser ist mit dem Strom, als gegen ihn zu schwimmen? Wann genau und warum genau gaben wir unseren Geist an der Pforte des Profits ab? Damit uns der falsche Gehorsam den Bauchnabel streichelt?

Manche haben sich nicht verbiegen lassen...manche gehen trotzdem und immer noch ihren Weg. Aber die, die sich zurücklehnen und machen lassen...die profitieren dann auch davon. Ist das gerecht?

Das Wasser fließt schon sehr sehr lange...doch es rauscht immer noch in den Klängen seiner Geburt.

Wo sind denn die Spatzen hin?

Sie zwitscherten doch
in jeder Gasse
vor einigen Jahren.
Und suchten Bröselchen
und flatterten umher
Wo sind denn die Spatzen hin?

Sie haben keine Wohnungen mehr
die Häuser
mit den Mauernischen
sind umgebaut
zu Luxushäusern.
In Stahl und Glas
da fühlen sich Spatzen nicht wohl.
Deshalb verschwanden sie aus unseren Städten.

Wo sind denn die Schwalben hin?
sie flogen sommers durch die Lüfte
und ihre Rufe waren Sonnengrüße
wo sind denn die Schwalben hin?
Und all die Mauersegler?

In Stahl und Glas
da fühlen sich auch die Schwalben nicht wohl
und auch nicht die Segler.
Deshalb sind sie verschwunden -

Wo sind denn die Amseln hin?
ich höre ihre Lieder nicht
ich höre nur das Brüllen der Automotoren.

Die Amseln hören sich selbst nicht mehr
in all dem Lärm.

Und einander noch viel weniger,
deshalb verschwinden die Amseln.

Wo sind denn die Tauben hin?
Sie werden ja immer weniger..

Auch die Tauben haben keine Wohnung mehr,
wir verstopfen jede Nische
und vergiften sie
wir wollen ja die Tauben nicht
die machen Schmutz
und Schmutz, den dürfen nur wir Menschen machen.

Unser Frühling wird bald stumm sein
Den wir töten die Insekten
und lassen die letzten Vögel verhungern.

Dafür haben wir
Luxusheime aus Glas und Stahl
für die Reichen
und verseuchtes Getreide für uns
und kein Vogellied mehr.

Thomas Macek

Verdrängungsmentalität

Gestern sind zwei Menschen
bei einem schlimmen Verkehrsunfall gestorben
Morgen wird schönes Wetter
wir müssen uns Papas Auto für einen Ausflug borgen

Vor zwei Tagen brannte ein Schweinemaststall ab
alle Tiere sind verbrannt
viele haben es gesehen
doch keiner ist zum Helfen hingerannt

Vorige Woche brach ein weiterer Krieg auf der Erde aus
tausende Tote und Verletzte
und im Anschluss dieser Nachricht
heißt es im Fernsehen das ein Politiker den anderen
verpetzte

Letzten Monat starben an einer neuen Krankheit
viele, viele Menschen die sehr litten
und in Talkrunden am Stammtisch
wird um das größere und bessere Auto gestritten

Voriges Jahr sperrte man wieder kritische Menschen ein
mit schlimmsten Folterungen zahlten sie ihnen heim
in den Geschäften stehen Frauen,Männer und Kinder
die sich Kleidung kaufen für den Winter

Vor Jahrzehnten schon begann der Wald zu sterben
die Unwetter tun ihr Übel noch dazu
auf der Couch daheim wird darüber diskutiert
ob wir wieder Weltmeister werden

die Tier-und Pflanzenwelt stirbt immer mehr
wir müssen alle umdenken
da hört man im Bus die Leute reden
was sie sich im Sommer für Reisen schenken

in den Zeitungen steht zum gleichen Zeitpunkt:
Liebe Menschen, liebe Bürger
die Welt ist nicht mehr zu retten
und der Mensch in seiner Ignoranz zu heilen
wer noch weiter leben will muss sich darin beeilen

denn bald ist es vorbei mit dem geistigen Einerlei
und dem Herumreden um den heißen Brei
bald wird es ernst liebe Leute
und das wissen wir nicht erst seit heute

noch ist nicht alles verloren
auch wenn alles schon verloren scheint
es gibt noch eine Lösung
die uns allen bleibt

Denkt nach und werdet zu dem
was ihr seid
und handelt so
in aller Menschlichkeit

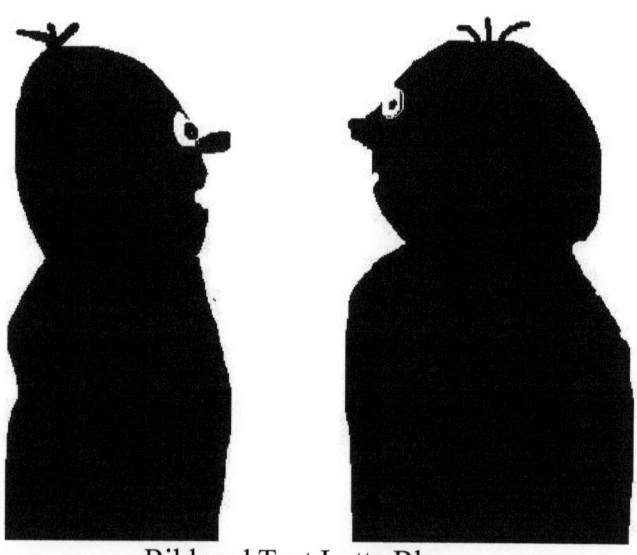

Bild und Text Lotta Blau

Freiheit

Das Wilde in uns
ist zu zahm und gefügig geworden
wir sind denen die uns zähmten
nach ihren Schubladenregeln
zu kleinlaut und nickend geformt
das Kalte hat man uns vermittelt
das die Konten füllt
nach dem sollen wir streben
und denen die viel haben
noch mehr geben
wir sind zu hart wie das Geld geworden
haben verlernt auf das was wirklich zählt zu achten
im Zahnrad das uns dreht
drehen wir es zurück
sonst ist es bald zu spät
machen wir uns frei
und brechen wir aus
aus dem UN-sinnigen
ins einmal Angestrebte
als in uns noch Selbstbestimmtheit und Aufbegehren
lebte

Freiheit dem Leben...

Lotta Blau

"So hoch fliegen die Anderen",
dachte sich der kleine Vogel,
der nicht fliegen konnte,

"so hoch im Himmelsblau,
und ich,
ich kann das nicht,
so sehr ich mich bemühe..

Manchmal schaff ich es
auf einen kleinen Ast.
So glücklich bin ich dann
doch kaum breit ich meine Flügel weiter aus,
fall ich schon herunter
und der Boden ist dann furchtbar hart.

Und ich träum´ so sehr vom Fliegen
vom Schweben im Sonnenlicht
vom Glücklichsein
hoch oben
mit meiner Freundin, der Amsel

Und dann falle ich
tief
so tief..

warum kann ich nicht fliegen,
so, wie die Anderen?
warum nur?"

So dachte sich der kleine Vogel,
der nicht fliegen konnte.

Wie geht seine Geschichte wohl aus?

Thomas Macek

GNADE

wartend zwischen Blut und letzten Schreien
dich ansehend, um Gnade flehend
sehe ich die anderen sterben
weine innerlich und hoffe es geht schnell vorbei
ich fühle nur ich kann dem Tod nicht entkommen

ich sterbe für euch

für eure Welt

eingepferchtes Leben
in Gittern
gemästet, mit Rohren gestopft
gestutzte Schnäbel,
Medikamentenschwein, Tiermehlfresser
Fließbandleben

ich bat euch nicht mir das Leben zu geben
nun stehe ich hier
ich schau dich an...MENSCH

einst war es so
genutzt und doch frei
leben in Natur
ich kannte wenigstens bevor ich sterben musste
Licht, kannte Wärme
aber das Recht nahmt ihr mir
Mensch und Tier

ich muss nun gehen
mein erbärmlich Leben beendest du
weißt du, dass manche nicht wissen
was Sonne ist?

das erste Mal lass ich sie meine Augen blenden
dann seh ich nicht was du tust

für Gnade winselte ich vergebens

ich, dein Fließbandtier

Lotta Blau

Das Schnitzel und das Unterbewusstsein

Wie immer hatte er fürs Wochenende eingekauft.
Fleisch war auch dabei - Schnitzel genau gesagt. Beim
Anblick und dem Gedanken daran, durchströmte ihn
ein Glücksgefühl und er stellte sich das knusprige
duftende und wohlschmeckende Ergebnis vor.

Daheim angekommen legte er das Fleisch zunächst in
den Kühlschrank und sich selbst zum Mittagsschlaf.
Günstig hatte er es erstanden und gut in Plastik
verpackt.

Als er wieder aufwachte, war es bereits später
Nachmittag und da es Winter war, wuchs sich draußen
schon die Dunkelheit in die Fenster hinein. Zeit das
Abendmahl vorzubereiten...das Schnitzel.

Er öffnete den Kühlschrank, nahm die Packung mit
dem Schnitzel heraus und spülte es unter Wasser kurz
ab. Immer machte er das so ---beinah schon ewig.
Irgendwie meinte er dann wäre es sauberer, das Fleisch.
Mit dem Fleischklopfer schlug er es platter und größer,
aber auch dünner.

Kurzerhand war es paniert und schon lag es auch in der
Pfanne.

Mit viel Appetit wartete er unter mehrmaligem Wenden

es zu verspeisen, da sah er auf einmal Merkwürdiges an den Rändern. Als wenn von innen irgendwas nach außen presste. Sah aus, wie viele Kaufgummiblasen und durch den Bratvorgang bewegte sich das Fleisch etwas.

Ein komischer Gestank kroch heraus, als eine nach der anderen Blase platzte und sich dann ergoss in gelber Brühe...beinah eitrig lief es aus dem Fleisch hinaus in die gut riechende und braune Butter.

Mittlerweile war das Stück Fleisch auch geschrumpft und wenn es vorher noch die Pfanne ausfüllte, so war es jetzt nur noch einen Bruchteil davon groß.

Egal, wie groß, dachte er...aber es scheint wohl schlecht geworden zu sein. Verärgert stach er mit der Wendegabel erneut ins Fleisch, da spritzte klumpiges Blut hinaus.

Spritzte sogar bis in sein Gesicht, traf seine Augen und kleckerte sich an seine Lippen, die im Affekt mit der Zunge gereinigt wurden.

Ihm wurde übel...Um Himmels Willen, dachte er...was ist das?
Er ekelte sich. Es schüttelte ihn...das war zu viel...er hatte dieses eklige Blut in seinen Mund bekommen.

Das Schnitzel, unterdessen er in Panik und Ekel verfiel, flatterte in der Pfanne hin und her. Als wenn es sich immer wieder aufplusterte und in sich zusammen fiel, schien es...es war nicht tot, es war kein Stück Fleisch, kein Etwas, sondern es schien, es lebte immer noch.

Zusammen mit der beinah nun schon schwarzen Butter und der aufgerissenen Kruste formte sich aus dem

Schnitzel wie eine Art verkohlte Zunge, die sich hin und her bewegte.

Noch immer den Blutgeschmack in seinem Mund stand er nun auf und mittlerweile kreidebleich geworden, denn er erkannte im Fleisch ...ja, sah darin...spürte und es würgte ihn...das kleine kranke Wesen, dessen Stück er essen wollte. Babys sind das...Kinder...nur eben Tierkinder.

Aus einem der Fettaugen der Butter, gemischt mit dem Eiter und dem Blut, schaute es ihn an...

Er hatte vieles gesehen, wie die Tiere behandelt werden, hatte es irgendwie zur Kenntnis genommen, aber es hatte ihn nicht mehr weiter gekümmert, geschweige denn ihn tief berührt. Sicher wusste er um all das Leid...aber was ginge es ihn denn an?

War es all das Aufgestaute, das es ihm heute heimzahlen wollte, oder hatte er doch vielleicht im Unterbewusstsein Schuld empfunden, die jetzt durch all das hervortrat?

Er ließ die Pfanne mit dem was auch immer darin auskühlen und warf es dann weg, öffnete alle Fenster, um den Geruch herauszubekommen und versuchte nie wieder daran zu denken...doch es gelang ihm nicht...und es verfolgte ihn sein weiteres Leben.

Was flüstert sie mir zu,
die vierflügelige Libelle,
die blitzend
über glitzernde Wellen flitzt?
Mit leiser,
mit süßer Stimme?

"Genieß dein Leben
sei leicht
sei froh
lass deine Gedanken,
deine Wünsche,
deine Träume,
fliegen , so wie mich!

ich bin ein Kind
von Sonne,
Wind
und Fluss!

Ich freu mich über jeden Tag,
der mich übers Wasser schweben lässt.

Mach es doch wie ich,
und sei glücklich
dass du leben darfst! "

Das flüstert sie mir zu,
die vierflügelige Libelle,
und flitzt
blitzend
über glitzernde Wellen.

Thomas Macek

Morgennebel

langsam zeigt sich die Sonne über dem See
Es riecht nach Heilung

Die Nachtgeister ziehen sich zurück,
das Licht malt Farbenspiele in die Luft.

Die Vögel beginnen,
zärtlich jubelnde Lieder zu singen
leise zuerst,
bald klingt der ganze Wald,

Wie schön ist doch die Welt!

Thomas Macek

Bild Lotta Blau

Der Wal

In den tiefsten Tiefen
des tiefsten der Ozeane
in der tiefst liegenden
dunkelsten Höhle,
traf ich einen uralten ,
riesenhaften Wal.
Er lebte seit Anbeginn der Zeiten,
der erste der großen Wale
der größte,
der älteste,
Und mit tiefer, wundersamer Stimme
sang er mir das Lied der Welt,
erzählte von der Schöpfung,
von ihrer großen Kraft,
die so ungeheuer war, dass sie zersplitterte
in Millionen von Teilen.
Erzählte von den waltenden Kräften
in den Meeren, Flüssen, Bächen,
aber auch in den Lüften,
der Erde, dem Feuer.
Erzählte von Nixen und Feen
von wundersamen Wesen, die noch niemand sah
und von Engeln.
Und die Wellen des Ozeans rauschten , begleiteten sein
Lied..
Er wusste was zu wissen wert war...
denn die Weisheit der Erde und des Wassers waren in
ihm
und all die Zeit, in der er lebte,
wirkte , ihn formend.
So Vieles wusste er zu sagen,

so Vieles, was heilsam , schön und wichtig war..
Doch immer weiter zog er sich zurück
immer tiefer, in immer fremdere Abgründe.
Denn die Menschen wollten ihn nicht hören,
sie wussten ja nicht einmal, dass es ihn gab.
Das Wasser hatten sie vergiftet,
Fische und andere Wale getötet,
Dem ewigen Wissen der Zeit , sind sie entfremdet..
Es läge noch immer so nah, so wartend,
doch sie wollen es nicht..
So sang er ..
Der alte Wal vom Anbeginn der Zeit,
der älter war, als alles,
war traurig..
Und sein Klagen drang tief in mich..
Ist denn niemand mehr da,
der seine Stimme hören möchte?
Niemand , der anders gehen möchte,,
als die Menschen bisher?
Es wär doch so einfach...
die Elemente lehren uns ja.
Dann kehrte der Wal wohl wieder zurück.
und kündete uns
von der Weisheit der Schöpfung.
Ihrer Kraft, ihrer Heilung,
und von unserem Segen.
Und seine wundersam dunkle Stimme,
würde uns in unserer Tiefe berühren.

Thomas Macek

Das Jahr 3010

Der Wal

Einsam war er...viele Jahre schwamm er, man nannte ihn den letzten Großen, jenseits von allen anderen noch wenig verbliebenen Wesen im Meer. Eine alte Schildkröte, ein paar Kugelfische, zwei Haie, einem Rochen und einem Delfin.

Immer drehte er seine Runden im Meer weit entfernt von den sogenannten Menschen. Jenen, die einst alle anderen seiner Art ausgelöscht hatten. Allerdings waren es nur noch wenige letzte Menschen, die überhaupt noch lebten. Aber dazu gleich mehr.

So hatte er, der Wal, begonnen, aus seiner Einsamkeit ein Zwiegespräch mit den Handvoll übrig gebliebenen Meeresblumen am Boden zu führen, oder bei Tage an der Oberfläche, die im Licht durch die mittlerweile viel zu heiße Sonne über ihm glitzerte. Die Schluchten und Berge, die tief im Verborgenen aus dem Grund traten, umschwamm er mit einem Gesang. Dort klang es besonders schön, fand er. Und dann war ihm, als würde ein anderer Wal antworten und seine Traurigkeit wurde ein paar Momente bisschen weniger.

Nachts hob er manchmal seinen Kopf hinaus...aus dem Meer, und streckte ihn in den Mondglanz. Er wusste...auch seine Tage waren gezählt, denn es war nichts zu fressen mehr für ihn da. Schon eine lange Zeit hungerte er. Seine Kräfte nahmen ab und er spürte deutlich, wie ihn das Ewige immer mehr rief.

Oftmals, wenn er in der Nacht seine Runde drehte, sah er seltsame Schiffe weiter hinten. Aber es waren Schiffe - Eigenkonstruktionen von Robotern - ganz ohne Zutun des Menschen.

Man schrieb mittlerweile das Jahr 3010. Die Menschen lebten von Maschinen dominiert, die sie einmal, so wie vieles, selbst erschaffen hatten. Da alles nur noch auf Profit, Ausbeute, gegenseitiges Ausstechen, Wettbewerbe und Unterdrückung der Armen zu Gunsten des Reichtums gerichtet war, löschte man alles aus, was dem nicht standhalten konnte. Völker, Staaten...minimierten sich immer mehr. Sehr zum Vergnügen der Maschinen. Die man ja vorher zur Gewinnmaximierung erschaffen hatte und um lautlos und ohne menschliche Schuld Kriege zu führen.

Doch, womit niemand gerechnet hatte...die Roboter stellten irgendwann ihre eigenen Regeln auf und übernahmen die Herrschaft der ganzen Erde beinah in wenigen Stunden. Denn sie kommunizierten schneller, als man es jemals überhaupt denken könnte.Ihre Organisation war reine Logik und dadurch sekundenschnell erfolgreich.

Der Mensch war für sie ein primitives Wesen. Lautlos töteten sie jeden, der sich ihnen in den Weg stellte. Ihr Netz erstreckte sich um den ganzen Globus und in das Weltall, ja sogar in andere Sphären.

Wie beim Menschen einst, so unterdrückten auch sie andere Maschinen, die zum Beispiel weniger technische Ausrüstung hatten, ja gar einfach und tatsächlich nur Maschinen waren.

Anfangs versuchten sich einige Gruppen von

Widerständlern zu wehren, doch auch sie mussten sich der Robotermacht irgendwann ergeben. Seitdem lebten sie, eingesperrt in Reservaten und Arbeitslagern, bewacht. Ein Entkommen war nicht möglich, da die Roboter nicht zu überbieten waren- weder in Schnelligkeit, noch Intelligenz oder gar Ausdauer, Genauigkeit oder Stärke.

Alles und jeden spürten sie sofort auf. Die Menschen wurden jener Technik ein Sklave, die sie einst erschufen.

Bei der geringsten Erschöpfung wurde jeder sofort getötet und es blieben auch nur die am Leben, die nützlich waren. Längst züchteten sich die Maschinen auch ihren eigenen Menschen heran und brüteten sie in einer nahegelegenen Sphäre aus, die sie mit ihren konstruierten Raumtransportern regelmäßig "ernteten", wie sie es nannten. Bald würde es darum nur noch ihre gezüchteten Hybridmenschen geben.

Die Erde hatte sich schon zu Lebzeiten des Menschen durch seine furchtbare Zerstörung in eine leblose Kugel verwandelt, die sich zwar noch immer drehte, aber auf der beinah nichts mehr an Natürlichkeit übrig war. Oftmals sogar nur Wüste, anderswo hatten Fluten alles zerstört, ganze Staaten in sich verschluckt.

Die kannte auch der Wal...Totenstädte- Wolkenkratzer im Meer, das selbst ein Friedhof wurde.

Der Mensch hatte sich vor der Machtübernahme durch die Roboter gegenseitig beinah ausgerottet und mit ihm alle anderen Lebewesen.

Und doch.. ein paar Erdbewohnern gelang damals die Flucht. Sie versteckten sich getarnt durch Frequenzen, die es den Robotern unmöglich machten, sie zu finden, in den Bergen.Sie als Einzige hatten das Unheil kommen sehen und hatten heimlich geforscht und ein Gerät erfunden, dass ein eigenes unsichtbares Schutznetz über sie warf - aus Frequenzen bestehend, die vorgaben das alles still sei. Keinerlei Leben, keinerlei Bewegung...doch es blieb und wäre gefährlich und ewig würde dieses Gerät auch nicht funktionieren an jenem Ort, wo sie lebten. Dort an jenen Ort hatten sie auch Wertvolles mitgenommen, vorher hingebracht, nach und nach - denn sie waren Sehende. Literatur, Kunst, Sämlinge, Wurzeln, gesammelte Samen allerlei einstigen Leben - Blumen, Kräuter, Bäume usw. Leider war auch das begrenzt und von ausgerotteten Tieren konnten sie außer einiger Fellhaare nichts retten.

Dort, an jenem Ort, in Höhlen lebten sie seitdem. Diese lagen teilweise mit ihren Öffnungen zum Meer hin und waren recht niedrig gelegen in Klippen.

Ins Meer selbst konnten sie nicht, da jede Bewegung Wellen verursachen würde, die sie sofort an die Roboter verraten würden.

Unter jenen, die damals fliehen konnten, befand sich auch ein Liebespaar und eines Tages stellten sie beide fest, dass sie Nachwuchs erwarteten. Was für eine Freude und doch auch was für eine Bürde, denn wie sollte das funktionieren?

Da war neues Leben - Leben, wie es gemeint unterwegs - Hoffnung und doch würde es den sicheren Tod der Geflohenen bedeuten. Ja, aller Leben war in Gefahr dadurch - noch mehr als sowieso schon.

Was also tun? Die anderen übten Druck auf das Paar

aus...und die Liebenden wussten, sie würden andere in Gefahr bringen,wussten...sie konnten niemals hier in den Felsspalten bleiben... es gab nun kein Bleiben mehr unter dem Schutz des Netzes.

Und wie eine Eingebung folgend sprangen sie ins Meer aus einer der Öffnungen...Hand in Hand...Herz an Herz und ein wartende Seele mit ihnen, die mit jeder Sekunde wuchs und gedieh. Auch ein weiterer Mann und eine Frau sprangen mit...wozu noch, dachten sie...und ahnten nicht, dass sie die Rettung waren.

Wie ein Wunder- und einzig der Anwesenheit des Wales zu verdanken, verbreitete sich keine einzige Welle... nichts trat zu den Maschinen...keinerlei Bewegung, kein Geräusch...nichts. Der Wal fing mit seinem Körper alles ab.

Denn in jenem Moment schwamm er gerade unter ihnen und spürte, ja er spürte das werdende Leben...empfing von ihm die Hoffnung für einen Neubeginn. Neues Leben, Hoffnung auf einen Beginn von Liebe auf der Welt.

Da zeigte der Wal ihnen einen Weg hin zu den Welten, die nur er kannte - tief unten im Meer...trug sie hinunter im Maul. Hindurch einer Höhle, die sich irgendwann öffnete und wie ein Tor war - in eine andere Welt. Seit Anbeginn hatten die Wale dieses als Geheimnis für sich bewahrt und nur von Generation zu Generation weitergegeben.

Dort war Sauerstoff, dort war eine verbliebene autarke Welt. Dort war Licht und kam Sonne hinunter. Dort konnten sie von vorn beginnen...Dort war ein zweite Chance und...

für die Liebe und Hoffnung.

Text und Bild Lotta Blau

**Wir können noch sehr viel tun,
wir sind keine Opfer!**

Wir können singen
tanzen
uns des Lebens freuen.

Wir können Bienen retten
und Schnecken vom Wege räumen
damit sie nicht zertreten werden.

Wir können
hungernden Vögeln Futter geben
und Wasser
wenn sie dursten.

Wir können achtsam sein im Wald
und am Wasser

Wir können
weniger Fleisch essen
weniger Auto fahren
weniger mit dem Flugzeug reisen

wir können drauf achten
wen wir wählen
was wir sagen , tun und denken

wir können einander die Hände reichen
um einfach Mensch mit Menschen zu sein.

Wir können liebevoll sein
innen und außen

wir können noch sehr viel tun!
Wir sind keine Opfer!
Noch nicht!

Hörst du das ferne Heulen?

Wölfe streifen umher

und der Wind braust
durch die Täler.

Es regnet seit Wochen
Die Menschen haben sich verkrochen
Glocken läuten..
sie läuten ins Leere

die Erde hat gebebt
die Wälder brannten
de Flüsse haben
das Land überschwemmt

Zu viele Vögel sind gestorben
zu viele Bienen,
zu viel Gift
bliesen Flugzeuge in die Luft.

Zu viel litten Menschen unter Menschen
Zu viel Krieg
zu viel Hass
zu viel Gier
zu viel Verblendung

zu viele Tiere wurden gequält
zu viel Blut
zu viele Klagen
Der Jammer auf der Erde
war zu groß

Jetzt ist es genug
Gott schließt die Augen
Das Ende

Die Zeit der Wölfe
ist angebrochen.
Es schwindet,
was Verderben brachte
und es fällt endlich
die Wölfe sorgen dafür

es bleibt
wer guten Willens war,
ihm schwindet die Angst
er findet Frieden
Die Wölfe kommen

Thomas Macek

Wie viel
ist ein Leben wert?

ein Leben, das pulsiert
das atmet
seelenvoll und warm
das leiden und sich freuen kann.

Wie viel ist ein Leben wert,
wenn es sich nicht rentiert,
kein Geld bringt,
sondern welches kostet,
keinen Gewinn verschafft,
sondern einfach lebt?

Missbraucht
und weggeworfen
ist ja nur ein Tier.

Die Leute hatten ihren Spaß,
man hat verdient,

167

jetzt ist wohl Schluss.

Wie viel ist ein Leben wert?
Das Schlachthaus nur.

Thomas Macek

Noch ein kleines Erlebnis.. heute beim Einkaufen... im Wagerlmarkt gabs Bio_Kitzfleisch.Milchkitz. um 50 % verbilligt... den Tiere müssen ja sterben, um weggeschmissen zu werden... ich wollte wissen, wie viel Fleisch in dem Packerl drin war. und habs hochgehoben... plötzlich verspürte ich eine so tiefe Traurigkeit und seelischen Schmerz..ich musste die Angst und das Leid des Tiers fühlen.. da kommt ein Tier zu Welt wird unter Schmerzen geboren.. und wir töten es gleich, weil wirs nur als Spezialität ansehen wollen.. nicht als fühlendes Mitgeschöpf. als Produktionsmittel, als Nahrung. wir nehmen ihm selbstverständlich das Recht, zu leben..wir nehmen der Ziegenmutter das Kind weg... weil Feiertage sind.. wir gedenken der Auferstehung Jesu, indem wir Tierkinder schlachten.!!. ich hab mir dann die Menschen angesehen. die im Wagerlmarkt eingekauft haben.. viel Liebe war in den Gesichtern nicht zu sehen.. da fiel mir das Zitat von Osho ein.das ich letztens gepostet habe. wir nehmen durch das intensive Essen von Fleisch all den Schmerz und die Angst der Tiere in uns ein... ist es da ein Wunder, was mit unserer Welt passiert? Haben wir doch Achtung, Respekt und Liebe bereit für unsere Mitgeschöpfe.. wir wollen doch auch leben und geliebt werden, oder?

Thomas Macek

Wie viel ist ein Leben wert?

Monate leiden
direkt nach der Geburt
benutzt und misshandelt
um später krank und verseucht
in den Mägen der Überflussgesellschaft zu landen
oder mit einem Billigpreisschild
in einer Kühltruhe der Supermärkte
wie viel kosten wir denn dann noch?
was bezahlt ihr für unser Leben denn?
was sind wir euch denn wert?
glaubt ihr das unser Leid und unser kurzes Leben
mit Geld Abbitte getan werden kann?
Wenn ihr die paar Euro Sonderpreis nicht bezahlt
landen wir auf dem Müll
in eurer Überflussgesellschaft

wir...das sind einmal schlagende Herzen gewesen
waren einmal fühlende Lebewesen
ihr habt uns benutzt, gequält und getötet

dafür, dass wir nun als Sonderpreis
in Folien in der Truhe gekühlt werden
wie man Leichen im Leichenschauhaus kühlt
nur behandelt man sie respektvoll
und deckt ihnen ein Tuch über
uns stellt man zur Schau

doch fühlt ihr nichts
beim Betrachten
ihr greift nur nach dem
was billig ist
und euch schmeckt

und esst unser Leid

unsere Krankheiten mit
Lachsflöhe, die sich ausbreiten,
Schweinepest,Rinderseuchen
Geschwüre, Eiter, Viren und Bakterien
Medikamente und Vogelseuchen
Hormone
Maden und Würmer

und esst euch selbst dadurch krank...

Guten Appetit

Lotta Blau

Schlusswort....von Thomas

Ja, wir können es schaffen,
wir alle zusammen
wenn einer einsteht für den and´ren.
Zusammen sind wir Schöpfung!

Die Tiere sind unsere
Brüder und Schwestern
die Erde unser aller Mutter.

Sei unser Fuß leicht auf ihr
und liebend
und unsere Hand
den Tieren
helfend und zart

so erschaffen wir
eine neue Welt,
von der die Engel träumen.

Thomas Macek

Wir alle dürfen Anteil haben
an allen Wundern dieser Welt,

an aller Schönheit
allem Überfluss
und aller Gnade.

Wir alle sind berufen,
Freudige zu sein
Satte
Glückliche.

Wenn wir die Grenzen niederreißen,

Grenzen der Länder
Grenzen der Gedanken
Grenzen der Menschlichkeit
einander liebend un´sre Hände reichen

wird eine neue Welt entstehen,
die des Lebens Grazie würdig ist.

Text und Bild Thomas Macek

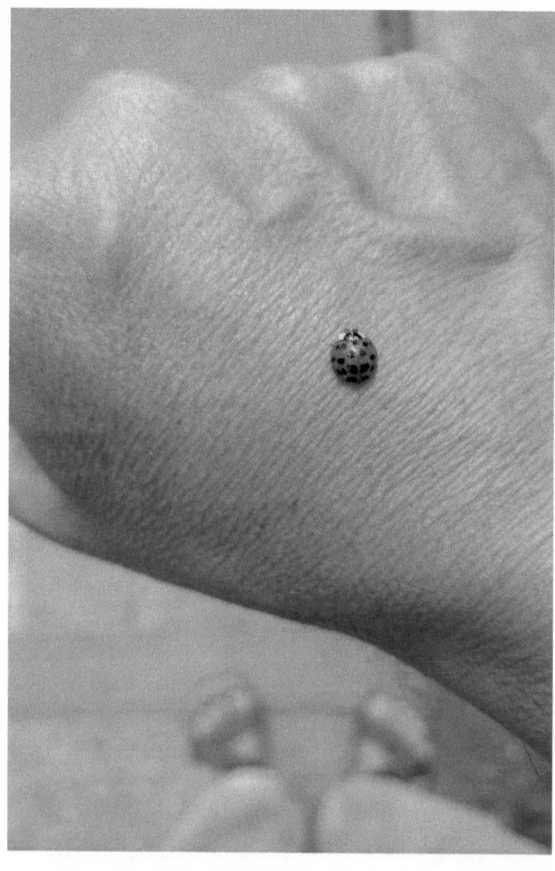

Manchmal Wunder

Manchmal begegnen uns Wunder
unscheinbar manche
andere offensichtlich
doch nur wenn wir daran glauben
und uns öffnen
dem was uns begegnen möchte
trauen und Einzigartigkeit einatmen
denn durch sie sehen wir uns selbst
und ein Funkeln des Himmels
das uns Welten öffnet
wir sind Welt und alles ist Wunder in uns
und um uns
überall Zauber der uns an die Hand nehmen möchte

Ein Herz macht viele Herzen

Aus einem Herzen kann man
viele machen
das ist jetzt mein Ernst
und nicht zum Lachen
denn wer ein großes Herz besitzt
der gibt von seinem ab
damit jeder was von dessen Liebe hat

Lotta Blau

Ende...offen...So lange das Herz schlägt

Jeden Tag sollte uns das bewusst sein...und diese Zeit hier auf Erden weder mit Hass noch Kriegen im Großen wie im Kleinen verbringen, sondern in Liebe und Frieden...

Denn irgendwann wird diese Kurve aufhören auszuschlagen...Herzschlag für Herzschlag zeigt sie uns das Leben in und um uns immer wieder neu---auch das Auf und Ab...so, wie es ist....das Leben.

Werden wir uns bewusst darüber, dass alles, was lebt miteinander in einem Herzschlag verbunden ist - egal ob Mensch oder Tier und selbst Pflanzen und Bäume haben ihren eigenen "Herzschlag".

Bild Thomas Macek

Alle Lebensformen auf der Erde haben das gleiche Recht zu existieren

Bild Thomas Macek

Zu den Autoren:

Lotta Blau

Lebt und schreibt, malt und kreativelt (Vorsicht nicht Dudenkonform, da gerade erfundenes Wort) in Düsseldorf.

Wir haben keine Zeit mehr etwas zu beschönigen, auch wenn es weh tut...und nur, wenn man etwas an die Oberfläche holt, kann es auch beleuchten, um Lösungen und neue, bessere Wege zu finden.

Daneben bedarf es auch immer wieder das Schöne und die kleinen Wunder zu sehen. Hoffnung und Zuversicht sollen dennoch die innere Balance halten...

Also nehmen wir das Leben unserer Mitwesen wahr und schauen, hören wir hin..

Beginnen wir gerechtere Wege zu gehen, um unsere Mitgeschöpfe zu achten und zu lieben und ihnen auch ihre Lebensräume zu erhalten.

Thomas Macek

Lebt, schreibt, fotografiert und kreativelt in Wien. Er ist Schauspieler, Rezitator und selbstständiger Energetiker und führt seine Praxis mit ganzem Herzen. Da er auch die Tiere dem Menschen ebenbürtig sieht, bezieht er sie in seine Praxis mit ein...z.B. Reiki.

Thomas Macek Praxis